あなたは
自分の傷つきやすさを
誰かに打ち明けたことは
ありますか？

傷つきやすいとは
どういうことか
わかってもらえたことは
ありますか？

この本は、あらゆる
傷つきやすい人に向けて
書きました。

遠くで誰かが叱られていると、
自分のことのように
ドキッとする

イヤな思いをしたくないので
相手の言いなりになってしまう

他人に心を開くことで
否定されたり
馬鹿にされたり
するのが怖い

過去のささいな失敗を
いつまでも気にして
引きずってしまう

その場の空気が
少しでも重いと感じると、
いたたまれない
気持ちになる

微妙な変化に
いち早く気づき、
自分のことのように
気になる

傷つきやすい人の多くは
とても繊細で敏感な気質の持ち主である
HSP（Highly Sensitive Person）
である可能性が高いのですが
内向的な性格の方、
アダルトチルドレン、毒親育ち、
心に大きな傷を負ったことのある方も
傷つきやすい人です。

私のもとに相談に来られる方には
HSPの方、
HSPで心に大きな傷を負ったことのある方、
そしてHSPではないけれど
傷つきやすい方もいます。

???
他人と話がかみ合わないと、孤独を感じる
つねに他人に迷惑をかけないように神経をとがらせている
困っている人がいると、自分には無関係でも心が痛い

そこで、この本では
HSPかどうかに限定せず
「傷つきやすい人」という
表現を使うことにしました。

そんな傷つきやすい人たちが
無神経な人と対等につきあう
勇気を持つための本です。

とても 傷つきやすい人が無神経な人に悩まされずに生きる方法

HSP専門キャリアコンサルタント
みさきじゅり

ダイヤモンド社

はじめに

私は人よりも傷つきやすいという自覚があります。
これまでたくさんのことで傷ついてきました。
でも、私の悩みを本当にわかってくれる人はごくわずかしかいませんでした。

私は、ＨＳＰという、とても繊細な気質の持ち主の一人です。そして、ＨＳＰの感受性とあわせて刺激を求める気質であるＨＳＳ（Highly Sensation Seeking）、刺激追求型ＨＳＰです。今は、ＨＳＰ専門のキャリアコンサルタント（仕事にまつわる悩みや組織課題のコンサルタント）をしています。

私のところに相談に来られる方の多くは人間関係で心が傷ついています。その傷のおかげで仕事にまで大きな影響が出ているのです。

そんな相談者の方と接していくうちに私は、人間関係の問題をクリアできれば、傷つきながら働く人が減るのではないかと考えるようになりました。

傷つきやすい人が「わかってもらえた」と感じ、その傷つきやすさを解決することができれば、人間関係が原因で仕事を転々としたり、働く気力が起きずに悩んだりする人が減るかもしれない。そう思って、特に「無神経な人」との人間関係について、じっくりととりあげた本を書こう！　と決めました。

子供の頃からわかってもらえなかった

傷ついた経験は、誰にでもありますよね。喜んでもらいたくてがんばったのに、無視されたり、大好きな友達に突如嫌われたり……。

ですが、私がもっと傷ついてきたのは、

「そんなこと誰にでもある。考えすぎだよね」

と、とりあってもらえなかったときです。

その人にとっては大したことではないのか、私にとっては重大なことを打ち明けたのに、「考えすぎ」のひと言で片付けられてしまうことがあり、そのたびにとても傷つきました。

ささいなことで傷つくなんて、そして何年も立ち直れないなんて、こんな私は弱くてダメだと自分をずっと責めていました。

「心が弱いんだよ。気を強く持てばいい」と押し切られたこともあります。言っていることは、よくわかるのです。けれど、どうしたら心が強くなれるのか、考えても努力しても私は変われませんでした。

しかし、傷つきやすい自分をいつまでも責めたり、悩んでいたりしても何も変わりません。そこで、何かしなくちゃと考えて始めたのが、**「心が強いフリ」**。

心を強くする方法がわからないなら、心が強そうな人のまねをすればいい。そう思いついたのです。

心が強いフリをした私は、一見、強くなりました。親ゆずりの通る声に、明るい笑顔をふりまいて、周りと関わったのです。

そうして強そうに振る舞う一方で、**本当はいちいち傷ついているのを悟られないように必死でした**。意見をはっきり言いつつも、心の中に深い傷を抱えている自分を消してしまいたいほどでした。心に傷があるのが周りにバレたら生きていけなくなる。本気でそう思っていました。

心のバランスは崩壊寸前。

けれど、傷ついていても、傷ついていないフリをすれば大丈夫。

「私は平気よ」と自分に言い聞かせて、バランスをとっているつもりになっていました。

私はダメ、と思いこむ

20代から30代にかけて、私は自分が何を考えているのかがわからなくなり、とうとう心のバランスを崩しました。それは転職を重ねていた時期でもあり、行く先々で

「こんなカンタンなこともわからないの？」「あんたバカなんじゃないの？」と言われたり、作った書類を机に投げつけられたりしました。

今思えば、いじめにあっていたのだと思いますが、当時は心の感覚がマヒしていたのでしょう、自分が悪いんだと思っていたのです。私がダメだから、と。

日に日に自信をなくしてもまだ、心が傷ついていることに気づきませんでした。いや、気づきたくなかったのだと思います。ただただ必死に、働こう、生きよう、と思っていたのです。

プライベートでも辛いことが重なり、人間関係に自信がなくなりました。

その頃から、心療内科や精神科、カウンセリングに通うようになったのです。薬を飲んだり、カウンセリングを受けたりすると、私のダメなところを直してもらえて人生がラクになるのでは、と期待していました。

HSPを知ったからこそわかった「無神経な人」

人間関係で最悪だったのは、40代で経験した離婚でした。

離婚直後は、「私は病気に違いない」と思うほど自分を追いつめていました。しかし、医師やカウンセラーからは「病気ではありません」と言われたのです。

そこで思い出したのが、ＨＳＰです。

ＨＳＰについては、30歳くらいの頃に本を読んで知っていましたが、自分がそうだとは思いたくなくて、しばらく遠ざかっていたのです。離婚後、鬱々《うつうつ》とした日々を送る中で、これまでの人生を振り返ったとき、自分がなぜ傷つきやすいのか、周りに振り回されやすいのか、そのメカニズムを理解したいと強く思うようになりました。

ＨＳＰが気質であること、その気質が性格や人生に影響を及ぼすこと、神経がたかぶりやすく、深く考えてしまい、ちょっとした周囲の変化に強く反応し振り回されやすいこと……ＨＳＰを理解すると、傷つきやすい理由もわかるようになりました。そして、人間関係でどう振る舞えばいいかもわかるようになってきたのです。

ＨＳＰとしての自分を理解できて初めて、私は自分を受け入れることができました。

繊細さには、感受性の豊かさや心優しい面があると同時に、傷つきやすい側面もある、**それでいいんだ**、と思えるようになったのです。

ＨＳＰを理解してもう1つ、腑《ふ》に落ちたことがあります。感受性が強すぎるＨＳＰがいるのと同様、それとは逆の「無神経な人」も存在する、ということです。「無神経」という表現はあまりしたくはありませんが、感受性が強い人と、そうでもない人がいて、両者の感覚は違うのです。

無神経さが悪いと言いたいのではありません。

感受性が強すぎる人とは真逆の位置の人がいる、ということです。

感覚の違う人同士が互いを理解し、受け入れるのは容易ではありません。うまくやっていくには互いへの接し方を知る必要があります。私が傷つきやすかったのは、**無神経な人との接し方を知らなかったから**だったのです。

HSPなど、感受性が豊かで傷つきやすい人には、「自分の心が弱いのは、私の努力が足りないからだ」と思いこむ傾向があります。けれど今の私は、そうは思っていません。

傷つきやすい人には傷つきやすい人なりの、無神経な人には無神経な人なりの物事のとらえ方があるとわかったからです。世の中にはとらえ方がかなり違う人がいて、お互いに相性が悪いということなのです。

無神経な人と出会うと、感受性が強くて傷つきやすい人は自分のほうが弱いと感じてしまいます。

残念ながら、無神経な人はいます。避けることができないので、**つきあい方を身につければいい**のです。

あなたらしさを活かしつつ、傷つかないようにつきあうことは可能です。

みさきじゅり

こんなことに悩んでいませんか？

チェックリスト　あなたは傷つきやすい人？

傷つきやすい人にありがちな悩みを、チェックリスト形式にまとめてみました。

とてもよくあてはまる場合を2点、あてはまることもある場合を1点、まったくあてはまらない場合を0点とすると、各項目に何点をつけますか？

最後にすべての合計点を出してください。

- 少し離れた場所で叱られている人がいると、萎縮してしまう。　↓　2｜1｜0
- 自分を大切にしたいと努力しているが、うまくできない。　↓　2｜1｜0

- 通勤時、ドア横に立つか端の席に座りたいので、電車を見送ることがある。 → 2 | 1 | 0
- バスや電車で、お年寄りに席をゆずれないと、その状況を何度も考えてしまう。 → 2 | 1 | 0
- 定時で帰らなければならない同僚の仕事を引き受け、残業することがある。 → 2 | 1 | 0
- つい、他人のミスをかばってしまい、代わりに責任をとる羽目になる。 → 2 | 1 | 0
- どこへ行っても、意地悪な人に目をつけられやすい。 → 2 | 1 | 0
- 「盗人《ぬすっと》にも三分《さんぶ》の理《り》」は、人づきあいにおいて大切な考えだと思う。 → 2 | 1 | 0
- 「でも、あの人も100％悪い人というわけではないんです」が口ぐせ。 → 2 | 1 | 0

- 突然SNSのフォローをはずしたり、アカウントを削除したことがある。 2 1 0
- 人が嫌いなわけではないが、どうやってつきあったらいいかがわからない。 2 1 0
- 恋愛や結婚に憧れてはいるけれど、自分には無理だと思う。 2 1 0
- 大切な話ほど、一生懸命説明してもわかってもらえないことが多い。 2 1 0
- 一生懸命理解しようとしたのに、「わかっていない！」と注意されることがある。 2 1 0
- 周りのために動いたのに、「なぜそんなことをした？」と怒られることがある。 2 1 0
- 親しくしていた人に突然、陰口や事実ではないうわさを流されたことがある。 2 1 0
- 「黙っていてね」とお願いした相談を周りにばらされていたことがある。 2 1 0

● 人から急に距離を置かれたり、つきあいをフェードアウトされたことがある。

2	1	0
2	1	0

合計点

合計点数で、あなたの人間関係での傷つきやすさがわかります。
9点以上の人は「傷つきやすい人」といえるでしょう。
特に24点以上の人は「とても傷つきやすい人」に分類できると思います。

8点以下だった人は、通常レベルの傷つきやすさの範囲に入りそうです。
ただし、チェックをつけた項目の数が少なくても、自分としてはとても強くその項目に該当する場合は、特定のことに対して傷つきやすい可能性があります。

第1章

「傷つきやすい」には理由がある

第2章 傷つく前に「距離をとる」

第3章

無神経なひと言から心を守る

第4章

自分らしく生きていく幸せ

第1章

「傷つきやすい」には理由がある

「どうして私は、傷ついてしまうのだろう」

「傷つくことのない、強い心になりたい」

あなたは、傷つかないでいる人たちと自分とを

比べてはいませんか？

「心を鍛えて強くなれたら、こんなに傷つかないですむのに」

と信じ、心を鍛えようとする人はとても多いです。

傷つきやすい人が傷つくのには理由があります。

自分を変えるためにはまず

傷つくメカニズムを学ぶところからはじめましょう。

HSPかもしれない

自分は人より傷つきやすいと感じている場合、まず考えられるのは、「HSP」かもしれない、ということです。

HSPとは、感受性が強く、ささいなことに大きく反応して影響を受ける気質のことです。5人に1人が該当するといわれてきましたが、最近の心理学研究では、人口の約3割の人が感受性の強いグループに分類され、中程度の人が約4割、弱い人が3割というデータもあります。

HSPの方からの相談では、次のようなエピソードをよくうかがいます。

- ちょっとでも強い口調で話されると、自分のせいでは？　と疑うクセがある
- 一度何かを言われると、ずっと考えてしまう

● ささいなひと言が気になり、ひとりになって落ち着きたい

これらは、HSPの4つの気質的な特徴（DOES）で説明がつくことがあります（Aron, Elaine N. *Psychotherapy and the Highly Sensitive Person.* Routledge., 2010）。

● **処理の深さ**（D：Depth of processing）
● **神経のたかぶりやすさ**（O：Overarousability）
● **感情反応や共感力が強い**（E：Emotional intensity）
● **ささいなことを察知し、察知した変化から影響を受けやすい**（S：Sensory sensitivity）

知り合いと話していて、ほんの一瞬、相手の眉がピクリと吊り上がったのを見逃さなかった（S：ささいなことを察知）。

吊り上がったときの表情にイラッとしたものを感じとった（E：共感力が強い）ので、「私が何かおかしなことを言ってしまったのか？」と心配になる（E：感情反応が強く、影響を受けやすい）。

なぜ眉が吊り上がったんだろう？　と考え始めたら止まらなくなり（D：処理の深さ）、心配でたまらなくなる（O：神経のたかぶりやすさ）。

何日も考えすぎて、ネガティブ思考にはまっていく場合も少なくありません。ですが、ネガティブな人はHSPだとか、HSPはネガティブだというわけではなく、そうなる傾向があると思ってください。

しかし、私がふだん、HSP専門キャリアコンサルタントとして相談を受ける中には、HSPの特徴すべてを満たしていなくても、HSPの悩みと似たことで相談に来る方もいます。

私はHSPではなくても、同じような悩みを持つ方にはHSPと同様の心のパターンがあてはまる場合があると考えて、可能な範囲でサポートをおこなっています。

厳密にはHSPにはあてはまらなかったとしても、とても傷つきやすい人はいます。

HSPの4つの特徴すべてに該当していなくても、**周りの人の様子や環境の様子を拾いすぎて疲れてしまう、自分よりも他人を優先してしまう、**といったことに心当た

傷つきやすさをHSPの特徴で考えると…

りがあるすべての人に向けて、解決のヒントになることを紹介していきます。

ＨＳＰやＨＳＳのセルフテスト、ＨＳＰの４つの特徴について、より詳しく知りたい場合は、こちらをご参照ください。

- ＨＳＰの提唱者、エレイン・アーロン博士の「ＨＳＰセルフテスト」
  http://hspjk.life.coocan.jp/selftest-hsp.html
- 「ＨＳＳセルフテスト」
  http://hspjk.life.coocan.jp/HSS-Test.html
- エレイン・アーロン博士のブログ（和訳）
  http://hspjk.life.coocan.jp/Blog-Base.html
- 『ささいなことに動揺してしまう　敏感すぎる人の「仕事の不安」がなくなる本』（みさきじゅり著　秀和システム）

実は傷つきやすいのに理解されにくいタイプもいる

傷つきやすい人というと、物静かで、意見も控えめ、おとなしい人、というイメージが一般的でしょう。けれど、あまり知られていないかもしれませんが、傷つきやすい人の中には物静かとは真逆のタイプの人もいるのです。

活発で、ときに饒舌。気がつくと、ひとりで旅に出ている、というように**周りからは好奇心が旺盛で積極的と思われていても、実は傷つきやすい心を持っているという人が存在しています。**

このような人は、HSS型HSPかもしれません。HSS型HSPは、日本語では「刺激追求型HSP」と呼ばれています。

HSS型HSPは、強い好奇心としての「アクセル」と、HSPらしい慎重な面である「ブレーキ」をあわせもつ人と言われることがあります。

ＨＳＳ型ＨＳＰの研究者であるトレイシー・クーパー博士は、ＨＳＳ型ＨＳＰの特徴として、**「スリルを求める」「真新しい経験を求める」「抑制を嫌う」「退屈を嫌う」**の４つを挙げています。

好奇心とプレッシャーによるジレンマに苦しむ

ＨＳＳ型ＨＳＰの好奇心、つまりアクセルの強さは、人間関係や仕事をこなすうえでは積極的な性格として人の目に映ります。

好奇心が人に対するものであれば、たとえば、会議中に話についてきていない人を積極的にフォローします。その人が恥ずかしい思いをしないように会話の運びを考えつつ、会議全体の結論を導く投げかけが得意だったりします。リーダーの有能な右腕としてかわいがられる方が多いように私は思います。

ＨＳＳ型ＨＳＰの特徴をうまく活かしている人は、得意なことを仕事にできている、と私は感じています。たとえば、社内の複雑な調整業務を頼まれても、表向きは文句を言わずがんばります。ところが内心、こんな調整を押し付けてこないで……と悩んでいたりもします。

仕事は好きだから、ついがんばってしまう、なのにひどく負担にも感じてしまう。相反する気持ちが同時にわき上がり、自分が何をしたいのかわからなくなるのがHSS型HSPの抱えるジレンマです。

難しい業務にチャレンジしたい好奇心と同時に、細やかな気配りと成果を求められるプレッシャーも感じ、自分で自分を苦しめてしまうということをHSS型HSPは自覚しています。ですが、このジレンマをどう解決したらいいかがわからないでいるのです。

そうこうするうちにストレスがたまりすぎて、燃え尽きることも少なくありません。そうなると、人間関係をシャットアウトして「お休み」したくなってしまいます。

でも、ここで休むのかというと、休めないのがHSS型HSP。元来、思いやりがあり、仕事にはやりがいを感じていることが多いので、人間関係をシャットアウトすることに抵抗を感じてしまうのです。

HSS型HSPは、人間関係の悩みを自分で複雑にしていると感じつつも、悩みの悪循環から抜けられなくなってしまいます。ひどくなると、休職に及んだり、逃げるように転職したりするケースも珍しくありません。

悲しいことにそのような状況になっても、見かけ上のポジティブさゆえに、胸に秘めていたストレスや、退職に至るまでの苦痛を周りにわかってもらえないことがほとんどです。

傷つきやすく見えない人ゆえの悪循環

前述したように、私もHSS型HSPです。私自身、すごく悩んでいたのに、周りにまったくわかってもらえずに苦しんだ時期がありました。

それは20代の頃、シリコンバレーに拠点を置くスタートアップに転職を果たしたときのことです。世界で最先端をいくIT企業で働くチャンスを得た私の好奇心は最高潮に達し、家族とともにキャリアアップを喜んでいました。

ところが転職して早々に、私は世界トップクラスの先端的企業の技術力の高さとスピードに完全に圧倒され、身動きできなくなってしまいました。終わらない仕事に徹夜が続くようになり、寝袋を持ちこんでオフィスの床で仮眠をとっては多量のコーヒーを飲んで気力を振り絞る日々を繰り返すようになったのです。

前職でもハードワークをこなし、最先端の技術が理解でき、人と話すのも好きで、営業にも出ることができる人材として評価されての転職でした。上司の右腕候補として入社したプライドもありました。それなのに、入社1か月ほどで私はすっかり自信喪失し、ポンコツ状態に……。上司の指導に対しても、自分に何ができて何ができないのか答えることすらできなくなってしまったのです。

上司は入社前後で私がまったく違う人間になってしまったと失望し、私自身も自分がなぜこうなってしまったのか、当時はまったくわかりませんでした。

このように、傷つきやすくは見えない人が、本当は環境の変化や作業量にのまれているのに、周囲にそれを見せないよう抑えこむのはよくあることです。

一見、変わらぬペースで仕事をがんばり続けるため、周囲になかなか気づいてもらえず、できない自分に傷ついてしまいます。

私のところに相談に来られた方が、自分がHSS型HSPだとわかってホッとした、安心した、納得できた、と口にすることも珍しくありません。

「自分はいろいろ考えてしまったり、人より気がつくほうだと思ってはいました。ただ、HSPとか繊細さんとかいうイメージとは微妙に合わないところがあります。性格は活発なほうだと思いますし、人に意見も言えるほうだからです。でも、HSSという刺激追求型タイプもあるとわかって、あ、こっちだ！　と思えて納得できました」

「興味があることには時間を忘れるほど没頭し、それが仕事の場合では社内で表彰を受けたこともあります。そういうところはHSSなんだと思います。ただ、取りかかるまでが慎重で、そこはHSPらしさなんだとわかりました。矛盾しているような感覚は消えませんが、気質からの影響によるものだとわかって、ちょっと安心しました。今までは、すぐに取りかかれないのは自分の努力不足だと思っていたので……」

いずれの方も、周りからは活発な人、ポジティブな人、だから悩みとは無縁な人と見られているのに、実は周囲の人との関係に深く悩んでいました。なかには、むしろ自分の声の大きさや活動的な性格ゆえに、「無神経な人」と周りに思われているのではないかと気に病んでいる人もいます。

ほとんどの人が、「周りとうまくやれないのは、自分の努力が足りないだけ」と考えて、何とかしようとがんばっては、ますます傷つく、という悩みの悪循環にはまっていってしまうのです。

もちろん、複雑な内面を抱えているのはHSS型HSPだけではありません。傷つきやすい人は、自分が傷ついていることを他人には見せないよう、抑えこむところがあります。心の内面を他人に明かさないため、繊細そうに見える人も、そうは見えない人も、悩みの深刻さは同じく計り知れないのです。

心が傷つくパターンを理解する

傷つきやすい人は周りの人より強い感受性を持ち合わせています。

感受性とは、感じる力のことです。人は誰でも自分の感じ方が当たり前となっているので、人によって感じ方に違いがあることに気づきにくいものです。

傷つきやすい人は、自分の周りにいつも高感度のアンテナを張りめぐらしています。緊張が強く、辺りを警戒している場合や、無意識に周囲の情報を拾っている場合もあります。五感で感じとる情報、特に、他の人の様子にまつわる情報を、広くかつ細かく拾い続けています。

たとえば、周りの人の顔色・声色の変化、体の向き、体温の変化、呼気のニオイに至るまで、相手が発する「すべて」を常に感じています。

アンテナの感度の高さは生まれつきとはかぎりません。大人になるにつれて、もしくは大人になってから、アンテナの感度が極端に高くなる人もいます。

感度の高さは、生物としての生存本能や危機察知能力の高さともいえます。

アンテナの感度の高さは、夜寝ていても、地震が来る数秒前に目覚めるほどです。

震度1や2程度の揺れでも、事前に気づく人もいます。

また、たとえ小さな音でも気になってしまう人が多いのも特徴です。


この高感度のアンテナで、相手のささいな言葉や態度をも感じてしまい、それにより傷つくことがあります。

傷つくと、ショックで頭の中がパニックになりますが、同時に、相手に何か言わなくちゃ、落ち着かなくちゃ！　とも思います。状況にきちんと対処しようとして、感情をコントロールしなくては、と焦ってしまうのです。

傷ついて動揺しているときは、焦ることに時間とエネルギーを奪われて、疲れ果ててしまいます。相手に反論する前に疲れたり、頭がフリーズしたりしていると、相手はさらに攻撃してきて、状況がますます悪化する中で傷ついてしまうのです。

でも、焦らずにいられたら、もう少しうまく状況に対処することができるはずです。

心の反応パターンが複雑すぎる！

傷つきやすい人の心の反応は複雑です。誰にでも心の反応のパターンはあるものですが、傷つきやすい人はそのパターンがもっと多く、それによる過度なストレスが生まれやすいのです。心の反応が複雑で、精神的に疲れるからです。

傷つきやすい人が抱える心のパターンの複雑さは、そうでない人には理解してもらえないことがほとんどです。理解してもらえないので、傷つきやすい人は人間関係を人一倍ストレスに感じてしまうのです。

わかってもらえない状況はたびたび起き、そのたびに**めちゃくちゃ**傷つきます。

心の傷を何とかしたいから話して説明しているのに、理解してもらえません。まるであなたという人間ごと軽んじられているように感じたことはありませんか？

深い傷を抱える自分を受け止めてもらえないと、傷つきやすい人の心は混乱します。誰かに相談する気は失せ、かといって対処法も思いつかず、自分ではどうしようもない気持ちに呑みこまれてしまうのです。

これから、傷つきやすい人によくある主な心のパターン6つを紹介します。

こんなことで傷つくのは自分だけ？　と悩んでいるなら、**同じ悩みを持つ人がいて、対処法もある**、と思い出してください。

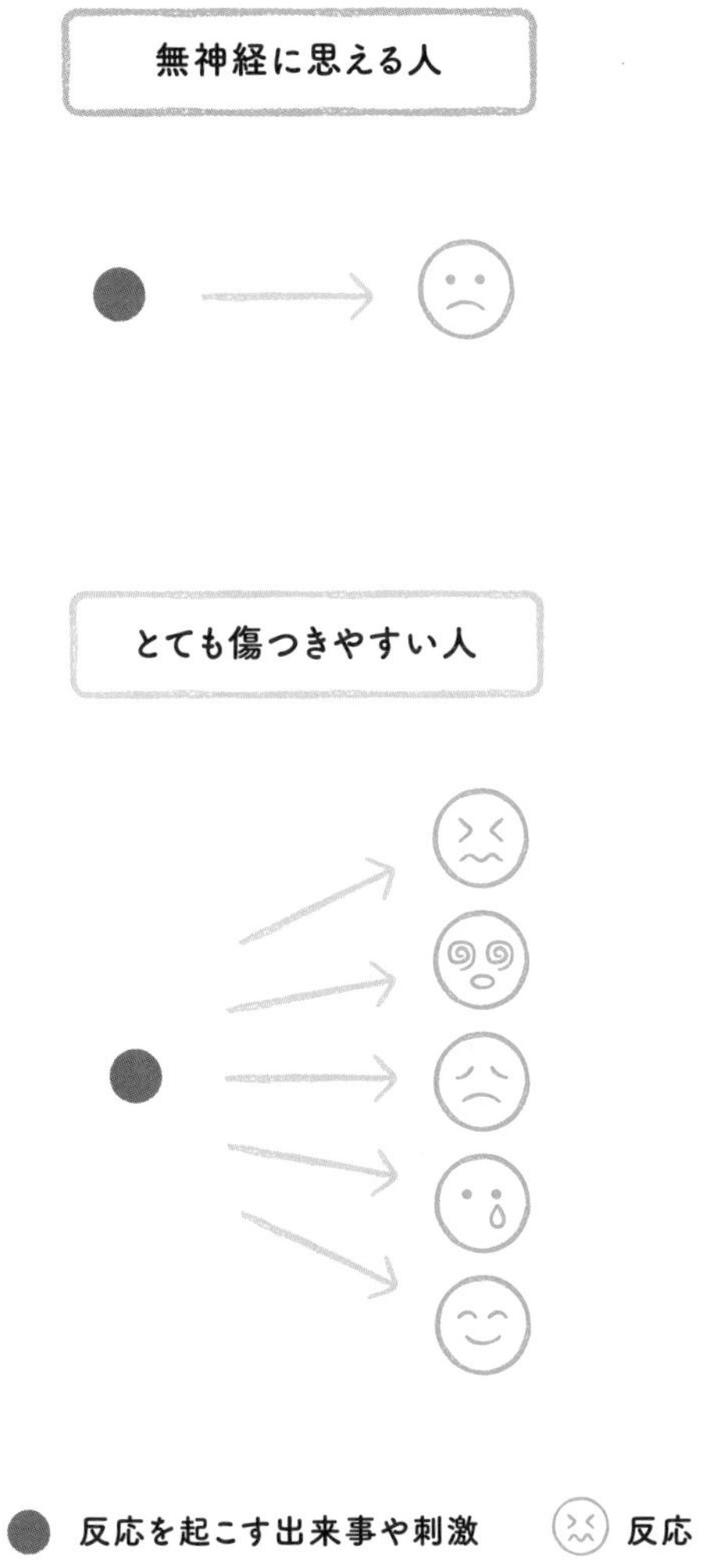

パターン①
自分と相手の気持ちが混ざってしまう

このパターンを最初に説明するのは、傷つきやすい人によくあるものだからです。他のパターンの理解へつながる基本でもあります。

傷つきやすい人が高感度のアンテナを持っていることはすでにお話ししましたが、そのアンテナは、本来はどこに向けてもかまいません。アンテナを自分自身に向けてもよいはずですが、**傷つきやすい人は、誰かが・何かが、自分の周りにあるかぎり、周囲に向けてしまいます**。こうして周りから入ってくる情報が多くなります。

情報社会に生きる私たちは、常に情報にさらされており、周りからの情報が入ったままになりがちです。この状態では、いつのまにか周囲や相手にばかり気をとられることになります。自分の心の中に、相手の情報が流れこみ、**心の中が混ざったようになってしまう**のです。

たとえとして、カフェラテを作ることをイメージしてみてください。

はじめは、カップにエスプレッソを注ぎますよね。次にミルク。ミルクを注ぐほど、エスプレッソが薄まります。

エスプレッソを自分の気持ち、ミルクを相手や周囲からの情報（気持ちや考え）と見立てます。自分の気持ち（エスプレッソ）に相手の気持ち（ミルク）が注がれ続けると、カフェラテ（自分と相手の気持ちが混ざった状態）ができあがり、エスプレッソだけの

味ではなくなります。カップの中はすっかりカフェラテになっている……これが「心が混ざったままの状態」です。

心がいっぱいいっぱいになる理由

自分の気持ちが相手の気持ちと混ざると、気持ちがいっぱいいっぱいになりがちです。

自分の気持ち（エスプレッソ）を確かめたいときに相手の気持ち（ミルク）が注がれ続けたら、どうすればよいでしょうか？　ミルクを注ぐのを止めることですよね。でも、傷つきやすい人は、ミルクを注ぐのをやめるのではなく、**注がれているミルクに目を向けてしまう**のです。どんなスピードで、どのくらいの量が注がれているのか？　と、どのように注がれているかをつい、観察してしまいます。

相手からの情報を何とか止めなくちゃ、そうしないと落ち着けない、と考えれば考えるほど、「相手の情報が流れこむのを止めたい。止めるために相手の情報に目を向ける」という悪循環におちいってしまうのです。

こうして心が混ざって、いっぱいいっぱいになってしまいます。相手からの情報はさっさと処理して自分の気持ちに集中できたらいいですよね。

自分より先に相手のことを考えていない？

傷つきやすい人は、自分を大切にするのと同じくらい相手も大切にする優しい人です。ときにこれが周りに「お人よしすぎる」「何でも言いなりになる」という印象を与えることもあります。優しすぎることが、人間関係でアダになってしまうのです。

心の中は、周りや相手のことでいつもいっぱい。だから自分の気持ちを整理したいのに、やっぱり相手に目を向けてしまう……。傷つきやすい人は、ごく自然に自分の気持ちを置きざりにしています。

自分の気持ちや考えをすぐに言葉にできなかったり、言葉にできたとしても、「こう言ったら相手はどう思うのかな？」と悩んだりしてしまうので、相手にしてみれば、「反応がない・遅い人」、もしくは「自分の意見がない人」と映ることもあります。

さらに、無神経な人からは「コイツは何を言っても反論してこない。だから強く出ても大丈夫」と思われてしまうことがあります。たいへん悔しいですが、まさにナメられている状態です。傷つきやすい人の気持ちは一切、理解されていません。

そんな傷つきやすい人が無神経な人に出くわした場合には、いじめやハラスメントの対象になりやすいのです。

アンテナを自分に向けよう

心が混ざったままでは、自分の気持ちを大切にすることは難しいものです。

なかには、相手が好む表現を取り入れすぎて、本当に言いたいことを自分の言葉で表現できなくなる人もいます。これでは自分の気持ちを大切にできなくなります。

こんなときは、自分の気持ちを整理することで、相手とどうつきあうかがわかるようになります。

相手の意見を優先するのを卒業しましょう。自分の気持ちもくみとったコミュニケーションにすることが人間関係を円滑に進める大事なコツです。

心が混ざっているときとは、取りこんだ情報が整理できず、混乱している状態です。そのように何に焦点をあてたらいいかがわからなくなっているときにはまず、**アンテナを自分の気持ち、考え、体の感覚に向けましょう**。混乱した心をどこからほどいたらいいかが、少しずつ見えてくるはずです。

そして、自分の言いたいことをまとめるには、次のようにして自分の気持ちを救出するところから始めましょう。

言いたいことがまとまる4ステップ

①今思っていることをすべて書き出す

例：言い返したいけれど無理

②書き出した文に「誰は」「誰に」を付け足す

例：**「私は」「あの人に」**言い返したいけれど無理

③私の気持ちを再確認する

例：**私は、あの人に面と向かって言い返すのは無理だけど、悔しい**

④私はどうしたいかを決める

例：**私は、あの人に近寄ってほしくない！**

気持ちを書き出して「誰は」「誰に」をつけると、混ざった心が整理され、自分の考えが言葉になります。

自分の考えが明らかになるほど、混ざったままの心の整理が進みます。

イメージとしては、カフェラテよりも、カプチーノ。相手の気持ちや考えに共感はしつつ、多少はミルクとコーヒーが分かれています。

心がカフェラテのままだと、いっぱいいっぱいなんです、と表現することさえ難しいこともあります。いっぱいいっぱいで、言葉が出てこないこともあります。

そんなときはまず、「**私は今、いっぱいいっぱいなんだ**」と立ち止まり、自分の気持ちに目を向けましょう。

傷つきやすい人は、自分がいっぱいいっぱいになっている、と自覚できないことがあります。というのも「いっぱいいっぱい」だから、自分に目を向ける余裕もなくなってしまうからなのです。

そんなときほど、気持ちを書き出してみてください。

自分はいっぱいいっぱいなんだ、と気づきましょう。

流れこむ情報をその場で今すぐ止める

「体」に意識を向け、流れこむ情報を止めることで、いっぱいいっぱいになってしまった心を整理することができます。

その場ですぐにできる方法として、次のようなことを試してみてください。

流れこむ情報を止める方法

- 相手の目の少し下を見ながら自分の太ももに手を置く。または靴の中で足の指をも

そもぞ動かす

オンラインで話している場合は、そっと脚を組み替える。

● 顔や体の向きは変えず、自分の肩のこりを感じてみる

● 自分にしかわからない意識を切り替えるためのコードやお守りアイテムを決めておく

たとえば指輪やネイル（爪）に触れる、お気に入りのペンを手に取る、手触りのいいハンカチに触れたり、握りしめたりする。

こうすることが、あなたの意識の向く先を、次から次へと流れこんでくる情報から自分の体へと切り替えるスイッチとなります。

それにより自分に立ち戻ることができ、「私」はどうしたいかに集中できるようになるのです。

心の状態は体にあらわれる

気持ちがいっぱいいっぱいなときは、力んでいます。

「いっぱいいっぱいな状態を早く何とかしたい！」と頭が必死になるほど、体に力が入り、リラックスできません。

リラックスするには、気持ちを整理する余裕が必要ですが、その方法を考えてもわからないときは、体の感覚を頼りにしましょう。

耳鳴り、肩こり、頭痛、めまい、吐き気などは、体の力みのあらわれです。

そんなときは、息を吐くのがいいでしょう。

何度か優しく、口から息を吐き出してみる。それだけでも体の力みがほんの少しやわらぎます。少しやわらげば大丈夫です。

もし、息を吐いても体の状態が変わらないときは逆に、**体にもっと力を入れてから、力を抜いてみましょう。**心が混ざっていっぱいいっぱいだよね、と体に返事をするイメージです。

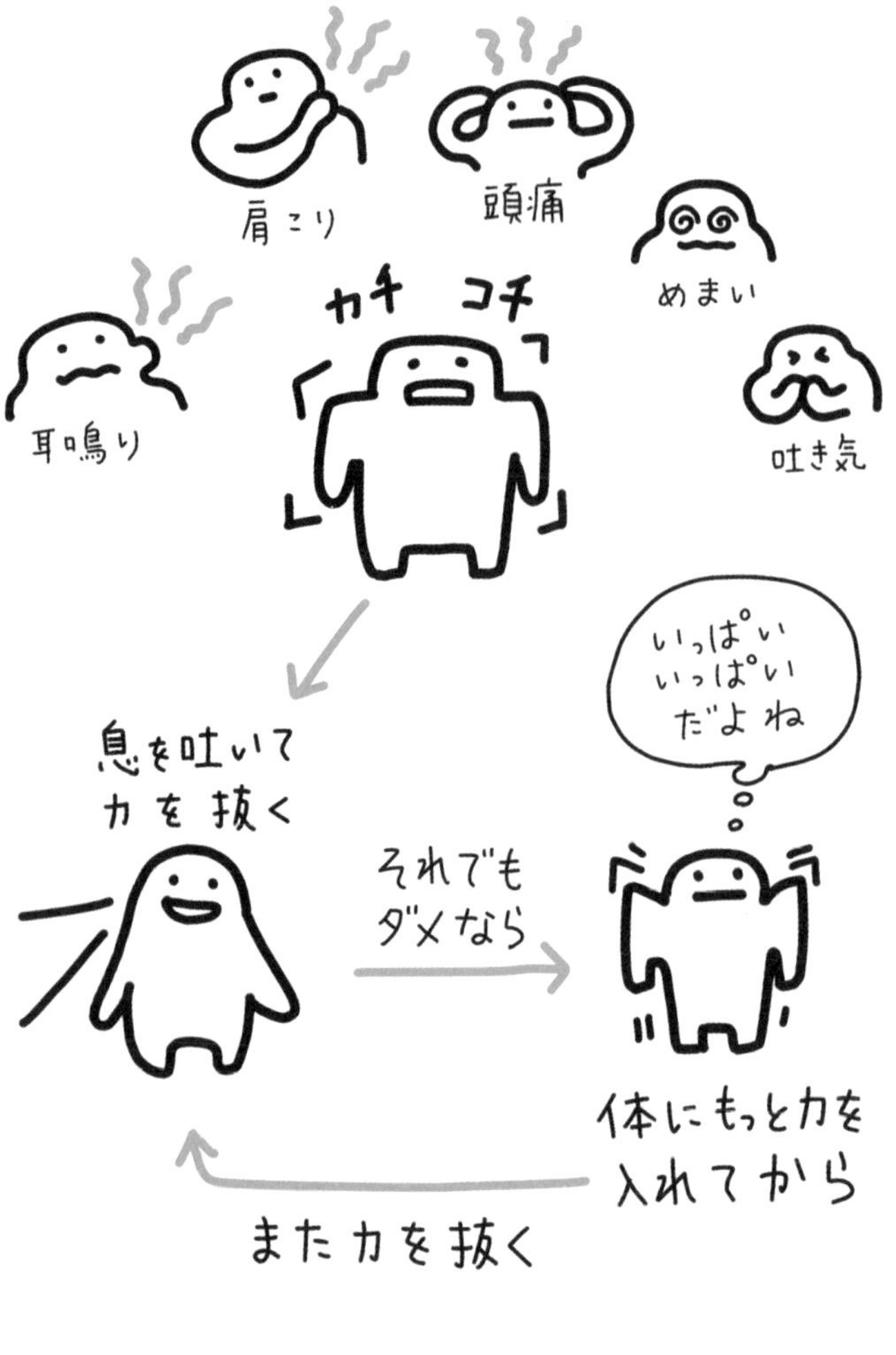

肩こり
頭痛
めまい
耳鳴り
吐き気
カチ　コチ
息を吐いて
力を抜く
それでも
ダメなら
いっぱい
いっぱい
だよね
体にもっと力を
入れてから
また力を抜く

コラム

こんな座り方をしていたら気持ちをゆるめて

相談者の方から、座っているときにふだんからつま先立っていることがよくあると聞きます。私もまさにそうです。

緊張すると、すぐに逃げられるように体が警戒態勢をとって自然にかかとが上がるものなのです。

実際に座ったまま、かかとを上げてみてください。緊張状態に入るのがわかるかもしれません。かかとを上げていたら、「緊張しているなあ」と自分の心に話しかけてあげてくださいね。そして、簡単な気分転換をして気持ちをゆるめましょう。

傷ついた心を回復する力を育てるために役に立ちます。

パターン②
「私が何とかしなくちゃ」と思ってしまう

自分が困っていなくても、周りに困っている人がいるだけで胸が苦しくなることがありませんか?

周りの情報を細やかに感じとっている傷つきやすい人にとって、「暮らす」とは、周りからの情報の渦《うず》の中に生きることそのものです。**ほんのわずかな情報をきっかけに心は激しく揺れ動きます**。

たとえば、職場の空気が少しでもすさむと、自分ごとのように気になり、その場にいることに耐えられず、誰にも相談しないまま退職してしまう人もいます。

傷つきやすい人は、できるだけおだやかな環境で落ち着いて過ごしたいから、少しでもイヤな動きを感じとったら、大事《おおごと》になる前に何とかしておきたいと願うのです。

しかも、「完璧に」と思います。

イヤな動きが二度と起こらないと確信できるまでは、心から安心できません。そのため、原因からしっかり対処したいと考えます。

「私もたいへんな状況にある。けれど、あの人ほどじゃない。私がちょっとがんばったら、みんなが平穏に過ごせる」

これが傷つきやすい人に見られる典型的な考え方です。

安心で安全な環境を求める思いが真剣すぎて、周りへのアンテナが鋭くなってしまうのです。

どうして周りは気がつかないの？

私が以前働いていた会社でのことです。

隣の席の男性が、毎日小さくため息をつきながら卓上カレンダーにバツをつけて、「給料日まであと何日かなあ」とカウントダウンしながら過ごしていました。彼は、社内会議で上司からハッパをかけられており、どうやらスランプ状態のよう。周囲の助言にもあまり反応を見せない様子が気になり、私はある日、彼の上司に「彼、大丈夫かなあ？　毎日卓上カレンダーにバッつけて、ため息ついてるよ」と話しました。

ところがその上司は、「ほっとけばいいんだよ。みさきさん、ちょっとオーバーなんじゃない？」と言ってスルーしたのです。

私には理解できませんでした。彼にもっと寄り添ったフォローが必要では？　彼のモチベーションが下がったら、退職してしまうかもしれないのに、そうは思わないの⁉　と驚き、上司の無神経さにいら立ちを感じたほどでした。

小さな会社だったので、人が一人やめるだけで周りへの仕事の負担が大きくなります。ところが、周りの人に心配する気配はなく、誰も彼に手を貸しません。私の意見を聞いてくれる人もいませんでした。

「気がついている私が何とかするしかない」と、私は半ばあきらめつつ男性に声をかけるようにしたのです。

傷つきやすい人は多くの場合、自分の意見はわかってもらえない、とあきらめつつ生きています。周りの人はなぜ気がつかないの？　誰も何とかしようと思わないの？と周囲の無神経さが不思議でなりません。

私が気がついたのだから、何とかするのも私なんだ。

私がやるしかない……。

そう考えるうち、この状況を何とかできるのは自分しかいないと思いこんでしまいます。

自分のするべきことに追われながら（すでに人よりたくさん抱えている場合が多いにもかかわらず）無理して対応を続けたあと、突然ぷっつりと糸が切れたように動けなくなり、休職もしくは退職に追いこまれたりしてしまうのです。

それでも新しい仕事や環境でふたたびがんばってしまうほど、がんばりすぎるところがあります。

ちなみに、先ほどの彼はその後、担当が変わり、元気を取り戻しました。

ガマンしすぎてつぶれないための心のリセット法

がんばりすぎてしまって追いこまれる悲劇を避けるには、自分の職務や権限の範囲を明確に意識することが役に立ちます。**「これは私がすべき仕事か?」をつねに意識し、他人の仕事を先取りしないことです。**

けれど、わかっていてもつい、「私が何とかしなくちゃ」と思ってしまうこともあるでしょう。そんなときには次のような方法で、「何とかしなくちゃモード」の心をすぐにリセットしてみてください。

心のリセット法

- いったん別の場所に一人で移動する

たとえば、行きたくなくてもトイレに行く、オフィスを出てビルの周りを歩く、空を見上げるなど。

- その場所から外に出て、室外にある植物に触れる
- 外に出られない場合は、窓から外の景色を眺める
- 室内に花を飾る、観葉植物の手入れをする、ペットをなでる、といった自分以外の生き物に手で触れる
- その場で伸びをする、軽いストレッチをする、二の腕や手の甲をさする

こうしたことで体の緊張をとき、心をゆるめる。

- 歯を磨く、顔を洗う

こうした心のリセット法を覚えておくことで、他人の仕事まで抱えこんで疲弊したりすることが自然と減っていきます。

すると、生きることが以前よりずっとラクになり、プライベートにもゆとりが生まれることでしょう。

解決アドバイス

どうすればいいかは
気持ちを落ち着ければわかってくる

ひとりで抱えないで！　と言われ、不安で仕方ない

Sさん（40代女性・事務職）

今の職場にはもう8年勤めています。仕事は成果を出せているほうだと思っていたのですが、最近まかされた仕事で行き詰まることが増え、以前ほど自信が持てなくなりました。

「ベテランなんだから、ひとりで抱えないで！」と言われるようにもなり、どうしたらいいかわかりません。クビになったらと不安で、体調も崩れがちです。

アドバイス　**まずはショックを受けた心を癒やす**

最終的には職場の人に相談したほうがよさそうですが、その前にぜひ状況を整理する時間をとってみてください。

「ひとりで抱えないで！」がショックなあまり、落ち着けない時間が長引いているのではないでしょうか。Sさんは落ち着けば適切な対応を考えられるはずです。

まず、「私は今、ショックなのかもしれない」と自分に話しかけましょう。心の動揺をそのまま受け止めてみるのです。すると、しだいに落ち着いていくでしょう。

それから状況を理解する時間をとりましょう。気持ちを落ち着けて、何が起きたのか、自分の気持ちに細やかに、ていねいに接しましょう。次回からは、「何とかしなくちゃ、と考え始めたら、焦っているというサインだから、いったんは周りに話してみる」と決めてみましょう。「何とかしなくちゃ、と考えてしまうんだけど、何かアイデアありませんか？」と意見を求めてよいのです。

パターン③
高圧的な相手に逆らえない

立場・口調・態度が強い人の言いなりになってしまい、「都合のいい人」として扱われ、利用されてしまう。心の中では「利用されるなんてイヤ！」と思っていても、結局言いなりに……。そんな辛い状況から抜け出せないでいませんか？

高圧的な態度に出られて何も言えなくなる人は、前述したパターン①の人と同じく、いじめやハラスメントのターゲットになりやすい傾向があります。

何か言わないと、と焦るものの、すぐに言い返せないので、もっといじめられてしまいます。そして、いじめから抜けるきっかけがつくれなくなってしまうのです。

仮にがんばって勇気を出して反論したとしても、相手のほうが上手《うわて》。いっそう強い口調で責め立ててきます。「反撃」は果てしなく続くように感じられ、こちらはとても勝てる気がしません。

言いなりのままでいると、気持ちが追いこまれ、何も感じられなくなります。冷静に考えることができなくなり、責められるまま、ますます利用されます。

ひどい場合、「おまえはダメな人間なんだ」などと言われ、その言葉をうのみにしてしまうこともあります。初めは「この人、イヤだな」「この人の言いなりになんてなりたくない」と思っているのですが、だんだんとその感覚がマヒしてしまうのです。

本当はイヤなはずなのに、無意識に相手の言うことを優先し、自分の気持ちや本音をガマンして、要求にこたえようと努力を続けてしまいます。努力をやめると自分の居場所がなくなってしまう恐れがあり、苦しくても言いなりになるのをやめられなくなります。

これが、高圧的な態度をとられて弱ってしまった状態です。

自分に自信が持てないのはなぜ？

冷静に考えれば、高圧的な態度をとられたり、理不尽な言いつけに従わされるのはおかしいとわかります。でも、傷つきやすい人は自分に自信が持てないことが多く、相手の意のままに従おうとしてしまいがちです。

いつから自信がなくなったのかは、子供時代にヒントがあるかもしれません。

傷つきやすい人は、自分の心の反応が周りの人よりも強いことを幼少時から肌で感じています。

たとえば、親から「どうでもいいことで驚くのねぇ～」と言われたことをずっと覚えていることも多いです。そのときの親の口調や顔つきから、自分に対する驚き、憐《あわ》れみ、見下しを感じてしまい、いたく傷つきます。

優しくしてほしいのに、受け入れてもらえないと感じながら過ごしているうちに、いつの間にか周りに対して身構えるようになっていくのです。

「身構える」とは、自分の感じたことをそのまま伝えても受け入れてもらえないなら、**受け入れてもらえるような「正しい」発言や行動をしなければならない**、と考えることです。そして、何をしたら正しいかを常に考え、相手や状況を観察し、**自分が正しい行動をとっているかを気にすることです**。

正しい行動をとらないと、自分の感じたことを相手に伝えても、相手からまるで虫を払うかのように拒絶されるのでは、と恐れてしまう人もいます。ですが、その怖ささえ、「怖い、と言っても伝わらないのではないか」とビクビクしたまま大人になってしまっているのかもしれません。

本来、感情や感じたことに、「正しい・誤り」「良い・悪い」のジャッジはありません。ところが、自分の感じたことを少しでもおかしいと言われると、自分の感覚はおかしいんだ、だからそのように感じてはいけないのだ、と思ってしまうのです。そして、自分の感覚を信じられなくなります。

これが、傷つきやすい人が自分に自信を持てなくなる大きな理由の1つです。

相手に許してもらえるまでがんばろうとする

傷つきやすい人は、「自分が悪いから、相手が怒るのだ」ととらえてしまい、許してもらう努力を始めることがあります。「こんな言い方や接し方をしたら許してもらえるかな?」などと工夫をこらすのです。

高圧的な相手との関係が始まった頃は、「怖い！　どうして怒られるんだろう。私はそこまで悪いことをしているの?」と思っていたのに、時間がたつにつれ、「許してもらわなければならない！」と懸命になってしまうのです。

すべては何とかして安心を感じるため。

身構えて過敏になった感覚を、相手の好みや相手の顔・姿勢の変化を観察するために駆使するようになります。

誰にも迷惑をかけたくないから気をつかう

傷つきやすい人は、相手がどんな人でも迷惑をかけるようなことは一切してはならないと考えて、過剰なほど神経をつかうところがあります。

ささいなことでも自然に気がつく感受性の強さを使って、誰に対しても迷惑がかからないようにしようと考えます。

このように気をつかって過ごしていると、じきに、体や気分に変調をきたします。突然ダウンしたり、ささいなことで感情を爆発させたりすることもあるでしょう。

そうなると、「迷惑をかけたくなかったのに、かけてしまった!」と思ったり、「そんな自分なんて、いないほうがいいんだ」とまで思いつめてしまったりする人もいるのです。

「ノー」はあとから言えばいい

高圧的な態度をとられて、「ノー」がその場で言えないという場合には、**無理に言**

う必要はありません。あとでメールをしたり、あえてメモに書き、相手の不在時にデスクに置く形で「ノー」を伝えてもいいのです。

また、反論したいのに、すぐにうまい言葉が出てこないときにも、そこで無理せず沈黙してしまってかまいません。そして、反論せずに黙っていることのできた自分を、**「よく耐えられたね」としっかりねぎらってください。**

その場で反論できないのは自分にとって自然な反応だと受け入れることができれば、**「すぐにノーと言えなくてもいいんだ」**と、気持ちがすごくラクになります。

パターン④
人は私を傷つけると思いこんでいる

「人は私を傷つけるものだ」と思いこんでおり、自分を守らなければ、と身構えてはいませんか。警戒心が強いあまり、常に神経がピリピリ。こんなときはハリネズミのようなとげとげしい衣を身にまとい、心を守っています。

一方で、**感受性が豊かで、自分の心の中の世界をとても大切にしています。**どのくらい大切かというと、心の中は「聖域」であり、「心の中を見せるくらいなら、ハダカを見せるほうがまだマシ」と言う人もいるほどです。

ですから、大切なことを打ち明けて否定されたときには、死にそうなくらいのダメージを食らいます。そんなことは絶対に避けなければなりません。だからハリの衣をまとっているのです。

交流したいけれど交流するのが怖い。
この矛盾が解けないから、安心できない。
いつか心を開いて誰かと仲良くなりたいけれど、傷つかないようにハリの衣を脱げずにいます。

過去の心の傷が影響している

人と触れ合うのが怖い、と小さい頃から思っている人がいます。

心理学が好きな方なら、「アダルトチルドレン」という言葉を聞いたことがあるかもしれません。アダルトチルドレンは、問題のある家庭に育ったことで何らかのトラウマを抱えたまま大人になった方を意味します。ところが、私がお会いした中には、状況が少し異なる人もいました。

家庭環境は良好で、親はできるだけのサポートをしてくれていたし、学校での成績はよかった。概して人生に問題は見当たらず、楽しく過ごしている時間もたくさんあるのに、なかなか本心を人に明かせない、といったケースです。

なかには、**人生が一変する出来事に見舞われた経験を持つ人**もいます。

天災により心身にダメージを受けて立ち直れなかった、愛している人と死別・離別した、事業に失敗したなど、世の中には私たちの予想をはるかに超える大事件が起こることがあり、それをきっかけに傷つきやすくなることもあります。

しかし、本当は人と接したい気持ちがあるからこそ、どうしたらいいのか悩むのです。また、傷ついたら立ち直れる自信がない、と思っていることが多いようです。

心を守りながら人と交流するには

傷つきやすい自分の心をしっかり守りながら、人とうまく接していく方法はあります。そのためにまず覚えておいてほしいのは、その場で相手を受け入れなくていいということです。

自分が受け入れていい相手かどうかは、十分な時間とプロセスをかけて判断すればいいことなのだと思ってください。

今すぐ無理に仲良くならなくていい、傷ついた心は無理に克服しなくていい、とわかれば、今のあなたの心の状態に合わせて人とつきあえるようになります。

パターン⑤ 周りと話がかみ合わない

「一生懸命に伝えても、わかってもらえない」と落胆してしまう。または、話せば話すほどモヤモヤがつのり、「私の伝え方のどこが悪いんだろう?」と自分を責めてしまうことはありませんか?

たとえばあなたが「この手順についてですが、もし、入力を間違えたまま【保存】ボタンをクリックしてしまったら、どうなるんでしょうか」と聞いたとします。

質問を伝えている途中から相手が眉をひそめたのを、あなたは見逃しません。

(まずい……何かやっちゃったかな……)とあなたは思うでしょう。

先輩が「わからないことがあったら聞いてね」と言ってくれていたので、ひととおり説明を聞いたあなたは、話の途中で気になった点をいくつか質問しました。なのに相手にイヤな顔をされてしまったというわけです。

このようなことを何度も経験してきていませんか？　そして、いつも不思議ではありませんでしたか？

「質問していいっていうから、聞いたのに。一生懸命理解しようとしたのに、どうして面倒くさそうな顔をされるの？　私の質問は、どこかおかしかったのかな？」

他の人といっしょにいても落ち着けず、心は孤独な気持ちでいっぱいになってしまうのです。

独特の感じ方→孤独→心の傷に

「完璧主義」「考えすぎ」「気にしすぎ」などと言われて傷ついた経験はありませんか？

傷つきやすい人は、そうでない人とは物事のとらえ方が感覚的に異なることが原因です。

傷つきやすい人は、たとえば小さなミスがあとで大事となるかもしれない、だから小さなミスこそしてはならない、といつも気を張っています。

こういう感覚を無神経なタイプの人に伝えると、ほぼ間違いなく目を白黒されます。「そんなに考えてるの⁉（驚）」というように。

ふだんの生活や仕事で、自分が何をするか、何を考えているかを互いに話す機会はあると思います。しかし、なぜそう考えるのか、なぜその行動をするのかまで話す機会はさほど多くないかもしれません。

相手から「なぜそうするのか」を説明されないまま、「まずやってみたらいい。その上で何かが起きたら、そのとき対処すればいい」と言われると、傷つきやすい人は感覚のズレを感じます。**そのズレをうまく言葉にできないでいると、孤独感がつのり、**

心の傷となっていくのです。

わかってもらいたい、という期待

傷つきやすい人は、自分の説明が下手だから相手に伝わらない、と思いこんでしまいがちです。

「え？　なんでそんなこと質問してくるの？　質問してくる理由がわからない！」とたった一度でも言われてしまったら、「あなたの理解や努力が足りない」と言われたように感じます。

こうして、ささいなひと言から、ときに何年も引きずるほどの心の痛手を負うこともあります。相手はそこまで考えていないかもしれないのに、です。

傷つきやすい人の感覚は、無神経な人にはなかなか理解されないようです。お互いに、「あれ？　この人、なんか話が通じないな」と感じてはいますが……。

周りとは違うんだ、さみしい、孤独だ、と思う傷つきやすい人はいっそう、自分と同じ感覚で交流できる相手を求めてしまいます。「みんな」に自分の感覚をわかってもらいたいという期待を抱き続ける人もいます。

自分の感覚の特性を認める

傷つきやすい人の感覚は、そうではない無神経な人たちとは異なるということを受け入れましょう。ここで大切なのは、感覚の特性に優劣があるわけではないということです。**感じ方の違いは、人の多様性の1つなのです。**

そして極端なことを言ってしまえば、**「わかってくれる存在」があれば、たとえ友達がいなくてもいい**、と考えてみませんか。

「わかってくれる存在」とは、ペットとして飼っている生き物でもいいですし、憧れているアーティストや作家など実際に会える可能性の低い人や、アニメなどの架空のキャラクター、そして公園や庭の特定の木、ぬいぐるみやフィギュアなどでもいいのです。自分にとって何かあったときの心の拠り所となる存在であれば、実在する、しないは関係ありません。

そして、傷ついてしまったときには、「自分にぴったりくる世界」に心ゆくまでひたってください。

たとえば、自分の感覚に合う音楽を聴いたり、歌ったりする、好きなアニメや動画を気がすむまで見続ける、といったことです。

自分と感覚が近いと思える、わかってくれると思える存在がありさえすれば、そういう存在をまったく持たない場合と比べて、たとえ他の人と話がかみ合わないことがあっても、その失望と孤独感の度合いは薄らぐものです。

解決アドバイス

価値観や視点の違いを受け入れると〝見えてくる〟

上司に理解してもらえない

Yさん（30代男性・公務員）

2か月前に今の課に異動したばかりですが、上司が仕事を教えてくれません。「渡したマニュアルの通りにやればいいの。見ればわかるんだから、このくらいは自分で考えてやって！」と言われてしまいます。間違ったことをしないように確認したいだけなのですが……。こういうことは異動のたびに多かれ少なかれあって、毎回肝を冷やす思いで乗り切ってます。

アドバイス　アンテナの感度が違うから仕方ないと思ってみる

実は、上司が悪いわけでも、Yさんの努力不足でも、仕事が向いていないわけでもありません。二人のアンテナの感度が違いすぎるのです。

話がかみ合わない人同士が協力するには、それぞれがまったく違う価値観や視点を持っている、と受け入れることです。

受け入れることで、自分ならこう考えるけど、同じ状況でも相手は違うとらえ方や反応をするんだ、とわかってきます。

面白いことに、相手の考えを理解するうちに自分への理解も深まります。相手はこういう考え方をするが、自分は違うなあ、といった具合です。

一時的に自分のやり方を横におき、上司のやり方でできるか、試してもよいのではないでしょうか。たとえば、この部署ではまずマニュアル通りにやることが「やり方」なんだ、という具合です。

パターン⑥
親しい人から距離を置かれてしまう

心を許した相手から、ある日突然、無視されたり、冷たい態度をとられたことがありませんか？

これはすごく悲しいですよね。

傷つきやすい人は、心を開いてつきあえそうだなと感じた相手には、自分の心の深い部分までオープンにします。心を許し、打ちとけて、何でも分かち合える仲を楽しみたいのです。

ところがある日、向こうから一方的に気持ちを断たれてしまったら、とても傷つきますよね。

たとえば、あいさつしても無視される、近づくとスッと離れていく、いつもの気軽さで話しかけようとすると思い切りイヤな顔をされる、などです。

悲しいことに多くの場合、相手は離れていく理由を教えてくれません。

何かおかしい、怒っているらしいとはわかるものの、自分にはまったく思い当たる節がありません。謝ってもスルーされて、何をどうしたらいいかわからない、というたいへん気まずい状態です。

無意識に相手の心に立ち入りすぎていないか

急に距離を置かれた理由の1つとして、実はあなたが相手の心の陣地を侵害していた可能性があります。「いちいち説明しなくても、私がイヤな気分になっているのを察してよ！」と相手は思っているのです。

説明しなくてもわかることとは、相手にとっての常識や当たり前のこと。もしくは、これまで仲良くしてきたのだから、説明しなくてもわかってもらえている、と思っていたおつきあい上のルール。このいずれかを破ったと思われてしまった可能性があります。

相手にとっての常識や当たり前とは、相手が大切にしている価値観です。

相手は「親しくしてきたのだから、私が何を大切にしているか、何を嫌っているか、もういちいち説明しなくてもわかってくれてたはずだよね？」と思っています。では、あなたがこれをわかっていたかと言われると、そうでもなかったのかもしれません。

おつきあい上のルールについては、「私にはこのように接してほしいと常日頃思っていて、今まではその期待通りに接してくれていたのに裏切られた」と相手は怒っているのでしょう。では、相手が期待しているおつきあい上のルールがどういうものか？　これについて、あなたは具体的に言葉にできないか、まったく気づいていません。

どちらの場合も、あなたにとってはたいへんショックな話のはずです。なぜなら、傷つきやすい人は本来、人の気持ちの動きにも敏感。その敏感さを駆使して、相手のことを思い、人間関係を大切に育《はぐく》んできたつもりでいたのに、相手は「私のことをわかってくれていない！」と怒りをぶつけてきているからです。

残念ながら**親しい間柄だと思うがゆえに、相手の心に無意識に踏みこんでしまうことがあるのです**。

嫉妬が原因の場合もある

もう1つ、やっかいなケースが、**嫉妬されている場合**です。

驚くかもしれませんが、優しく接していてもねたまれることがあるのです。

嫉妬されているときは、相手のコンプレックスを刺激してしまった可能性があります。もちろん、こちらは刺激したつもりはいっさいないのですが……。

たとえば、傷つきやすい人なら自然にできてしまう気づかいを、誰もが同じようにできるとは限りません。

傷つきやすい人は、心の高感度のアンテナで周りの様子に細やかに気づき、気をきかせることができる人です。細やかな気づかいは、たとえば次のようなものです。

- 人の様子を細かくじっくり観察し、相手の要望に適切に対応する
- 物事を長い目で見て、できるだけムダが出ないような方法を思いつくのが上手
- さまざまな角度から対策を考え抜き、新しいアイデアを出すのが得意

これらは心のアンテナの感度の高さ、情報をキャッチして処理する度合いの深さを活かした結果であり、勉強や仕事、チームワークで大きくプラスに働きます。

ねたんでいる人からすると、なぜそんなところに気がつくの？　どうして対処の仕方がわかるの？　と思いますし、あなたが周囲からほめられる様子にも嫉妬します。

傷つきやすい人が持つ天性の細やかさは努力しても身につかないところがあり、コン

プレックスに感じるのです。

傷つきやすい人にはもともとそういったスキルがあるので、当たり前のようにこなします。「当たり前にこなす」というところが、努力してもできない人のコンプレックスを刺激してしまうわけです。

当たり前にできている当の本人にしてみれば、「そんなことができてすごいですね」と言われたところで、自覚していない場合がありますし、なかには、「すごいね」と言われて、かえって恐縮してしまう人さえいます。当たり前だからこそ、ほめられるほどのことではない、と考えているからです。

すると、素直にほめ言葉を受け入れない姿に、コンプレックスを抱いている相手はイラッ！　とします。

このように知らないうちに相手のねたみをかっていることもあるのです。

相手に自分と同じ感覚を求めていないか？

親しければ親しいほど、互いの関係性に同じ温度感や感覚を期待しがちです。

あなたと相手それぞれが、「私と同じ」と思っている感覚や考えにはズレが生じることだってありますよね。しかし、ズレがある、とは気づいていなかったり、もしくはズレがあることを受け入れられないこともあります。なのに期待してしまうのです。あなたと私って同じ感覚だよね！　というのは、うまくいっているときは心地よいのですが、いったん悪化すると、関係性を辛いものに変えてしまいます。

こちらはそのつもりがなくても、相手は不愉快に思っている。不愉快に思われているのが相手の態度からわかっても、具体的に言葉で伝えてはもらえない。

または、関係に「何か」が起きていると感じているのに、はっきりと言葉を交わさず、自分と同じ感覚でいてほしいと期待を押し付けてしまう。

このように、態度だけで「不愉快な気持ち」「モヤモヤしている気持ち」をあらわし続けた結果、突然距離を置かれることがあるのです。

離れていった相手にすべきこと、してはいけないこと

相手から距離を置かれたときには、離れていった相手のことも尊重してください。

そのためには、**まずは自分からも距離を置き、歩み寄ろうとしないことです。**

そして、自分から説明に走るようなことはしないでください。とくに**長文のメールを送ったりすることは禁物**です。相手が離れていった理由を深掘りしたり、過剰にあなたが謝ったりする必要もありません。

また、前述したように嫉妬されている可能性もあることを心に留めておきましょう。細やかに気配りできるあなたへの評価に嫉妬する人もいることを承知しておいてください。**上司や同僚にほめられたときには、強く否定せず、黙って微笑む程度にとどめておくのがおすすめです。**

相手から理由もわからないまま距離を置かれてしまうのは、さみしく悲しいことでしょう。でも、しばらく様子を見ることで相手と自分とのちょうどいい距離を考えることができます。

第2章

傷つく前に「距離をとる」

傷つかないための予防策として
「人との距離を調整する」ということが役に立ちます。
「距離をとる、というのは頭ではわかるのですが
実際どうやったらいいのでしょうか？」
という質問をいただくことが多いので
具体的にどのように距離をとればいいかを見ていきましょう。

円を描いて距離をあらわしてみる

できるだけ傷つくことなく生きていくためにいちばん大切なのは、相手や周りとの距離の調整です。

相手との距離を、自分がいごこちよいレベルに調整するのです。

まず、物理的に距離を調整しましょう。

ちょっとでも傷つくようなことがあると、トイレの個室に逃げこんだり、家に帰った後、布団にくるまってじっとしていたくなりませんか？　それは物理的にその場から離れ、相手から離れると落ち着くからです。

次に、心の距離も調整しましょう。

心の距離は、心を通わせる感触で測ります。

心の距離を測るには、イメージを図に描くと効果的です。ためしに心を円で描いてみましょう。あなたの心の円と、相手の心の円を描きます。

心を円で描いたものを、ここでは「**心の陣地**」と呼ぶことにします。心の陣地とは、**ここまでは自分のなわばり、という線引きをした領域**のことです。

「なわばり」では少し響きが強いと感じ、もっとソフトで広い意味を持つ言葉を探し求めたら、「陣地」という表現がしっくりきました。私以外の人にも通じるだろうかと思い、セッションやセミナーで

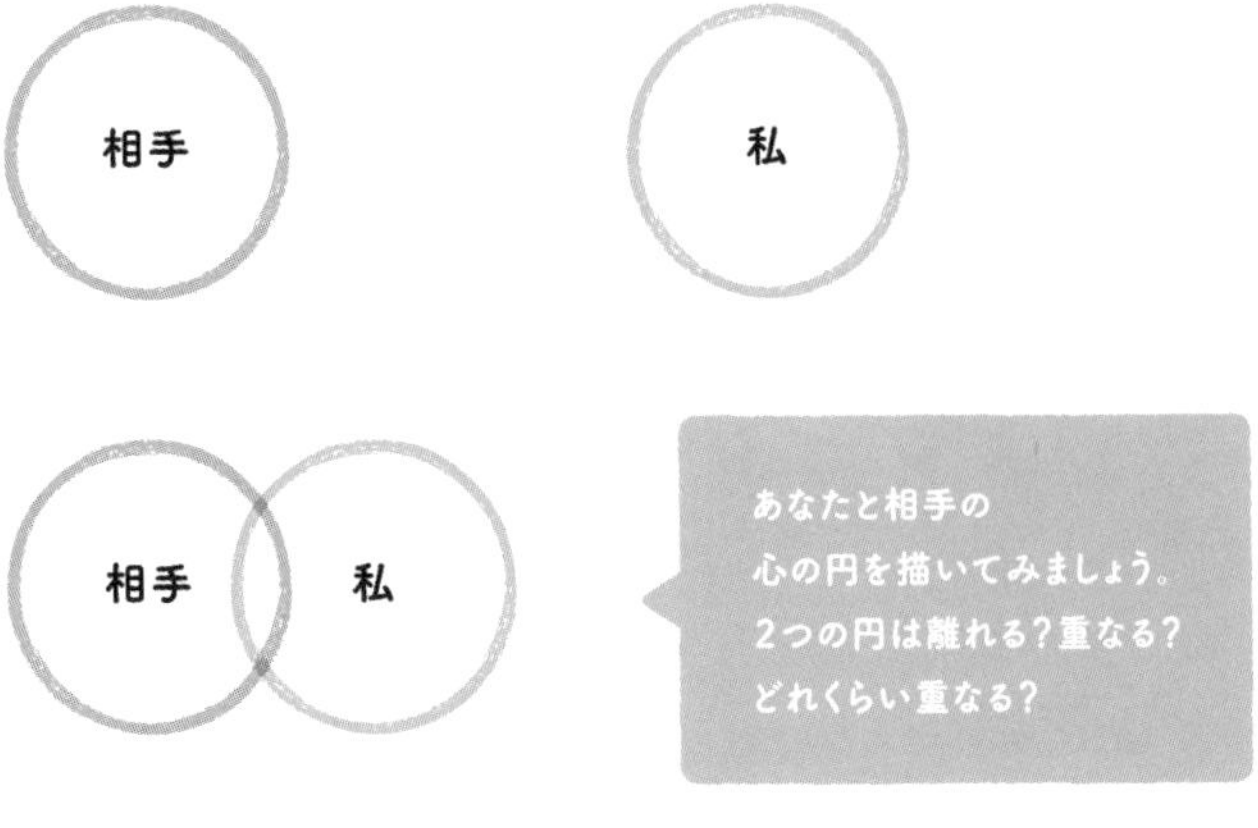
相手
私
相手
私
あなたと相手の
心の円を描いてみましょう。
2つの円は離れる？重なる？
どれくらい重なる？

「陣地」という表現を使って説明してみると、「ああ、そういうことなんですね！」とたくさんの共感を得ることができました。

心理学が好きな方でしたら、「人間関係において境界線を引く」という話を聞いたことがあるのではないでしょうか。

私はこれまで何回も、「他人との間に健全な境界線を引きなさい」というアドバイスを受けました。ですが、境界線を引く、という表現が私にはしっくりこなかったのです。まるで相手を拒絶して、突き放すかのようなイメージしか持てないからです。

相手と自分との間に線を引くと、相手を余計に怒らせたり、不機嫌にさせてしまうのではないかと思っていました。その一方で、相手の機嫌をとることにつくづく嫌気がさしていたのも事実です。

ですが、私はあるとき、相手に感情移入してしまうから線引きが難しいのだと気がつきました。そこで、相手と自分を「円」で描き、円の重なり具合で人間関係を測ってみたのです。すると、ラクな気持ちで、しかも自分が主導権をにぎって相手との距離を測れるようになりました。

好きな人や気が合う人とは、円が重なり、心が通っています。

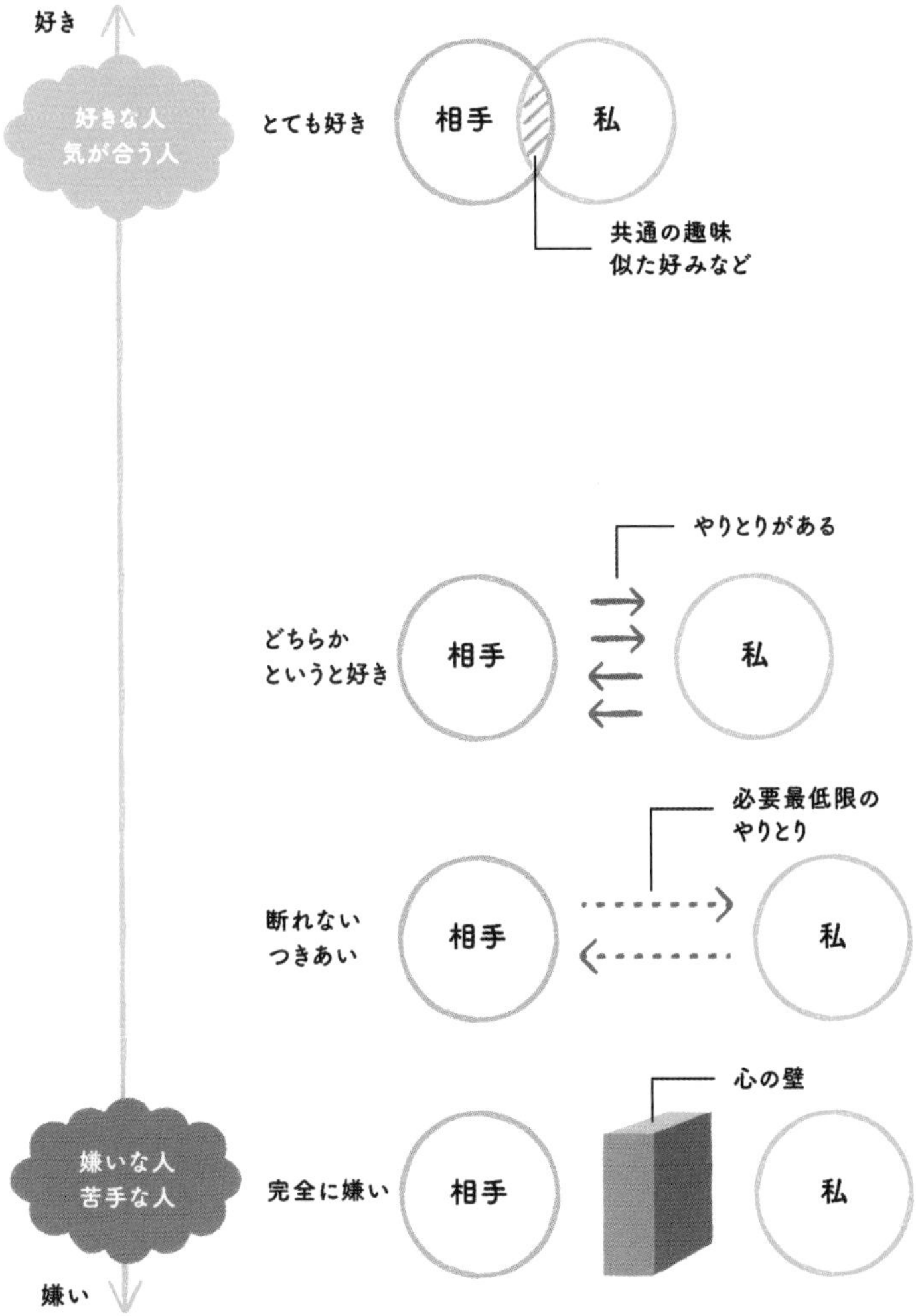
好き
好きな人
気が合う人
とても好き
相手
私
共通の趣味
似た好みなど
やりとりがある
どちらか
というと好き
相手
私
必要最低限の
やりとり
断れない
つきあい
相手
私
心の壁
嫌いな人
苦手な人
完全に嫌い
相手
私
嫌い

嫌いな人や嫌いな話題のときには、心に壁をつくり交流を遮断しています。心の陣地は目には見えませんが、自分ではちゃんと感じています。人それぞれ、その人なりの心の陣地を持っており、自分の心の陣地では安心できます。

いつでも「自分の心の陣地で生きる」意識を

傷つきやすい人が意識するべきことは、「自分の陣地で生きる」です。「心の陣地」は、相手との心の距離を見るためだけに使うものではありません。「ここまでが私の陣地だ」とわかりやすく意識するのにも使います。

私たちはふだん、自分の陣地を出て、よその陣地に「出稼ぎに行って」います。家族、職場の人たち、お客さま……私たちは常日頃、「誰か」と接して暮らしています。誰かと接するということは、「自分の陣地以外の場」で時間を過ごしているということです。このように自分の陣地以外の場で過ごすことを「出稼ぎに行く」と私は呼んでいます。

朝、目覚めた瞬間に家族やペットが目に入ると、心はそれに気をとられます。その時点で「出稼ぎに行っている」のです。

私たちは物理的にも心理的にも、「出稼ぎに行って」社会生活を営んでいます。

出稼ぎ先では、出稼ぎ先のルールに従う必要があります。

たとえば、学校には時間割や勉強の仕方などのルールがあります。複数の人がともに過ごす場では一定のルールが必要になります。

けれど、出稼ぎ先のルールに合わせてばかりいると、自分本来の感覚が薄れてしまいがちです。

出稼ぎ先のルールに合わせすぎているなあと感じたときに意識してもらいたいのが、「**自分の陣地に戻る**」ことです。

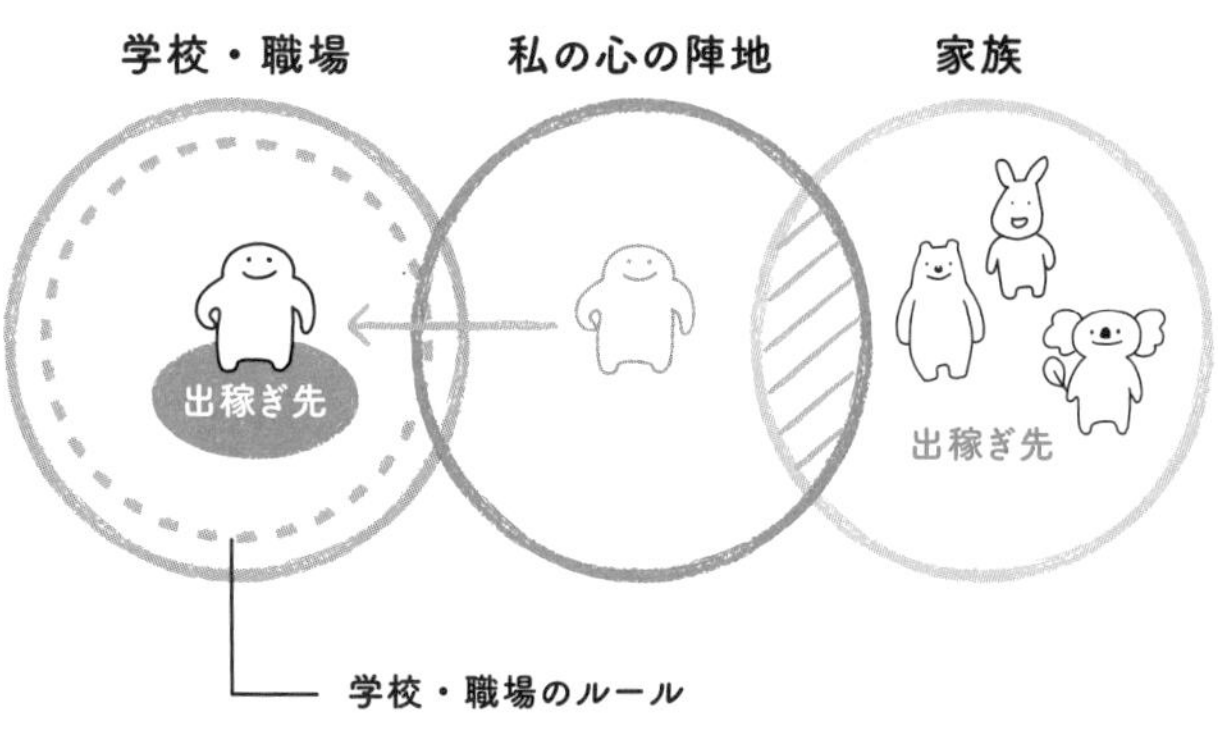

自分の心の陣地に戻って、そこで生きると意識することで、いつでも心を落ち着け、安心を得ることができます。

傷つきやすい人は、必ずどこかに「自分の心の陣地を思い出せる場」を持っているものです。場所でいうと、自宅の自分の部屋、職場のトイレや休憩室などです。自宅ではひとりにもなれないし安心もできないという場合は、ホッと一息つけるカフェや公園のベンチなどがそうなるでしょう。

距離は〝あなた〟からとっていい

物理的、そして心理的距離をとることに罪悪感を抱く人もいます。

「距離をとるなんて、相手やいろんな人の迷惑になるからできない」と踏みとどまってしまうのです。

傷つけられているのに、その相手と距離をとるのに躊躇するというのは、傷つきやすい人からよく聞く話です。

けれど、相手との距離は、あなたの意思で調整してよいのです。

距離は、常に変動してよいのです。

距離は、固定でなくてよいのです。

あなたが自分で調整して、いごこちよい距離を保ってよいのです。

時間がたった、場所を移った、あなたと相手以外の人が人間関係に加わったなど、距離の変化のきっかけはあらゆる場面に存在します。その都度、こまめに調整してかまわないのです。

特に無神経な相手には、ためらうことなく距離をとって「自分の陣地に戻る」と決めてください。

傷ついたときに、**すぐに自分の陣地に戻れなくても大丈夫**です。「すぐに」「完璧に」「ちゃんと」戻らなくちゃ！　と自分を追いこむ必要はありません。

たとえば、大きな声で指摘を受けると、声の大きさや剣幕にビックリして頭も体もフリーズしてしまい、自分の陣地にすぐには戻れないこともあるでしょう。

でも、フリーズしてしまった自分を責めなくていいのです。フリーズするのは当たり前なのですから。

自分の陣地に戻るのは、フリーズがとけてからで大丈夫です。

「必ず距離はとるんだ」

「距離は自分の意思で調整していい」
と、おだやかに自分に伝えてみましょう。

物理的距離と心の距離。この2つの距離をいごこちよい状態に保つほど、傷ついてしまっても早く回復できるようになります。

相手のことが嫌いなのに、まるで好きな人に接するのと同じような心の円の重なりがあったら、不快ですよね。不快なら、心の円の距離を離してみましょう。円の距離を離して、「もう大丈夫」「このくらい離れていれば不快ではなくなる」と感じられる距離を探っていきましょう。

自分の世界に浸って安心を感じよう

自分の心の陣地に戻れると、ホッとできることでしょう。ホッとできたら、自分の世界に浸《ひた》りましょう。

「自分の心の陣地は、この世でいちばん安心できる場だ」と感じてみましょう。

その場を離れることができず、相手の言い分を聞かなければならない場合でも、自分の世界に浸ることはできます。

その方法としておすすめなのが、**太ももに手を置くこと**です。

座ったまま、太ももの上にきちんと手を置きつつ、意識を少しだけ太ももに向けます。指先や手のひらから、自分の体温を感じとってください。

きちんと手を置いていれば、相手からは行儀よく見えます。相手の話は聞きつつも、あなたの心の中はラクにしていていいのです。
自分の体のぬくもりをただただ感じましょう。

目の前の相手に意識が飛びやすくなっても、太ももに置いた手のぬくもりを感じることが意識を自分に向けるのに役立ちます。

たとえ緊張しても、**「あ、今、手に力が入ったな……」と感じるだけで、相手の話にのまれなくなります。**

自分の世界に少しでも浸れると、浸った分だけ「安心」できます。

傷つきやすい人は無意識のうちに警戒心を強くしてしまうところがあるので、自分の世界に浸ることで、自分で自分に「安心できる場」をもたらしていきましょう。

安心貯金をしよう

自分の心の陣地に戻って自分の世界に浸ることができると、気持ちが落ち着きます。少しずつ冷静さや考える力が戻ってくる段階です。

自分の「安心できる場」で育てた安心感を、私は「**安心貯金**」と呼んでいます。

安心貯金は、たとえば寒い日に温かいお茶をゆっくりいただいて、ホッとする、といったことでためることができます。そんな小さな安らぎの時を意識したり、一日の終わりに「今日はこんないいひとときがあったなあ」と振り返ったりすることで、あたたかな気持ちになることを日々繰り返していくのです。

他にも、次のようなごく簡単なことで安心貯金をためることができます。

- 洗濯物をたたんでいるときに、タオルに顔をうずめる
- 洗いたてのシーツの上にゴロンと寝転がる
- 冷房がきつい室内で、大きめのふわふわとしたブランケットをはおる
- 家族が家にいるときに、ひとりでトイレに入る

傷ついてしまってショックな状態にあるときには、ブランケットにくるまって窓から空を眺めることで安心を取り戻すことができるでしょう。

安心貯金をするメリットは2つあります。

1つは安心感が高まること、もう1つは落ち着きや平穏さを取り戻しやすくなるこ

とです。

傷つきやすい人は、わずかな刺激を受けただけで動揺します。強い刺激、たとえば相手にグイグイ迫られると、動揺を飛び越して頭・心・体すべてがフリーズしてしまうこともあります。落ち着きを失い、焦るばかりで、心臓がバクバクしてパニックになりそうです。実際にそうなってしまう人もいることでしょう。

こんなとき、安心貯金が多いほど落ち着きを取り戻しやすくなります。

フリーズしたあと、落ち着きを取り戻しはじめたら、ホッとため息をついて、肩の力が抜けたのを感じてみてください。

それから、**自分のことを心の中で思いきり抱きしめて、「よくやったね」とほめてあげてください**。これでまた安心貯金が増えます。

一日の終わりに、**「今日はショックなこともあったけど、そのあと少しずつ落ち着けたなあ」**と、落ち着けたことを実感しましょう。

イヤなことを思い出してはしまうものの、落ち着けた自分を追体験することで、**「ショックも受けるけれど、回復もできる私」**を感じることもできるのです。これによりさらに安心貯金が増えていきます。

しなくていいガマンをやめる

ちょっとしたことに気がつき、受け流すことができず、放っておいたらどうなるんだろう⁉　と心配をふくらませてしまうのも、傷つきやすい人によく見られる傾向です。

心配がふくらみすぎて、誰の、何が心配なのかはっきりしないまま、ガマンし続けることもあります。

本来は自分の心の陣地にだけ目を向けていればいいのに、他人の心の陣地の中のことにまで心配が及んでいたりします。これをやめるには、次のようにしてガマンや心配をはっきりさせることです。

ガマンや心配をはっきりさせる4ステップ

①ガマンしている感覚を意識する

相手の心の陣地の円と、自分の心の陣地の円を描きます。円は重なっていますか？　重なっているところは、どんな感じがしますか？　ガマンしているのであれば、イヤな感じがするはずです。

②何に対してガマンしているかを書き出す

何をガマンしているのか、ささいなことも含めて書き出してみましょう。

③ガマンしている内容は、誰の心の陣地にあるもの？

たとえば、イヤなことを押し付けられている場合、そのイヤなことは、もともとあなたがやるべきことでしょうか？

あなた以外の人がやるべきことなのに、あなたに押し付けられているのなら、「**私以外の心の陣地のこと**」と書き足しましょう。

④自分が対処する範囲を決める

あなた以外の心の陣地にあることは、あなたがしなくていいことです。
自分がするべきこと、するべき範囲をはっきりさせましょう。

それをするべき人は誰？

いつもガマンしている、いつも損な役回り、と悩んでいる人の中には、自分がすべきことと他の人がすべきことの境目をつかむのが得意ではないことがあります。周囲からの情報に意識が向き、何が起きているか理解しようとしすぎてわか

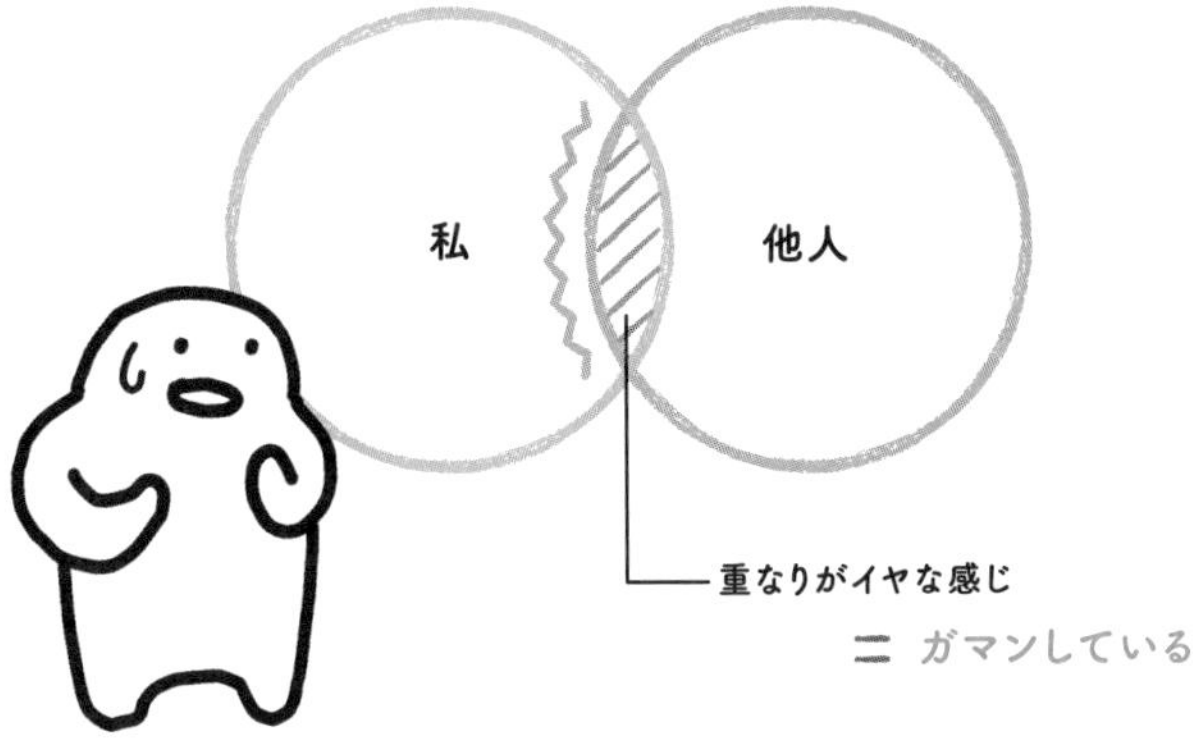

らなくなるのです。

理解しようとすればするほど、その情報と何度も関わることになります。そして、**関われば関わるほど、情がわいて自分ごとになってしまいます**。目に入ってくること、耳から聞こえてくること、雰囲気で感じること……自分が感じたことはすべて自分ごとになりやすいのです。

あなたが、激務を抱えて疲れている同僚の姿に胸を痛めているとします。

その同僚の仕事をするのは、誰でしょうか？　同僚ですよね。

たとえその同僚が、忙しすぎて手が回らないことがあり、その結果困る人が他に出てくるとしても、その仕事を割り当てられているのは誰でしょうか？　同僚ですよね。

あなたが何とかしようとする前に、あなたが気になっていることについて1つひとつ、「**これは誰の仕事（分担）？**」と振り返ってみましょう。あなた以外の人の仕事が含まれていませんか？

それは、あなたが何とかしないといけないことでしょうか。

あなたが「何とかしたい」と感じていることの多くは、あなた以外の誰かの問題である可能性があります。

何とかしたい、という気持ちは思いやりからくるものかもしれません。ですが、**あなたが何とかできることとは限らないのです。**

「とりこぼされた仕事」はそのままにしていい

心の距離は、たとえば家事や仕事の分担にも関係します。

あなたは、自分の心の陣地の中のことだけおこないましょう。

日本の働き方は、自分のやるべきことがあいまいな状況も多く、**誰も手をつけない「とりこぼされた仕事」**を生みやすくなっています。

「とりこぼされた仕事」には、たとえば次のようなものがあります。

- 行き違いがある人たちの仲をとりもとうとする
- マニュアルに書かれていない操作をし、誰も気づかなかったエラーを発見する
- 両親が不仲で家庭内の空気が険悪なとき、家族全員を幸せにしようと努力する

傷つきやすい人はいろいろなことに気がつくし、気がついたら何とかしないと落ち着きません。なので、そのためならガマンしてもかまわない、と心のどこかで思っています。そして、「とりこぼされた仕事」を拾い上げて抱えこみ、疲れ果ててしまうのです。

でも、ときには**「とりこぼされた仕事」に手をつけない**ことです。**致命的なことではないなら、あえて手を出さない**。ミスによるトラブルが起きたら、関係者全員が何かを学ぶ機会なのです。

ただし、「とりこぼされた仕事」をあなたが対処しても負担が増えず、傷つくことがないなら問題ありません。**「とりこぼされた仕事」を拾いすぎて自分が損した気持ちになることが問題**なのです。

対処しないままでいるのは、後ろ髪を引かれる思いがすることもあるでしょう。ですが、傷つくような状況を生まないためにも、「とりこぼされた仕事」と距離をとる必要があることを知っておきましょう。

ターゲットを卒業する

ターゲットを卒業するとは、どんな高圧的な態度をとられても、「私はあなたの言いなりにはならないですよ」と毅然とした態度でいる、ということです。

高圧的な人は、あなたが「イヤだ」と感じている感覚を否定しにかかってくることがあります。たとえば、あなたが「イヤです」と言うと、「イヤかどうかはどうでもいい。それはおまえがダメだからだ。とにかくこちらの言う通りにしろ」と強いてきます。

これは、高圧的で狡猾な人がとる常套手段であることをぜひ覚えておいてください。

「おまえがおかしいのだ、と言い続ける作戦」を仕掛けられているだけなのです。

相手から「おまえがイヤかどうかはどうでもいい」「おまえはダメだ」と言われていることと、あなたが「イヤだと感じている」ことは別ものです。

別ものだから「イヤ」を貫いていい、と思うことが相手の言いなりにならないということです。

次のようにして、高圧的な人から離れ、ターゲットを卒業しましょう。

ターゲットを卒業する4ステップ

①自分の心の陣地に戻る

自分の心の陣地に戻りましょう。

ですが、私が相手と距離をとったら、相手だけではなく、その周りの人に迷惑がかかるかもしれない、と罪悪感にかられる場合もあります。

罪悪感を持ったままでかまいません。

ホッとできる場所へ行き、自分の心の陣地に戻ってください。

②傷ついた気持ちを数値化する

相手や、周りの人への罪悪感にのまれたままでは、いつまでも高圧的な人のターゲットにされ続けます。この状態から抜けるには、傷ついているあなた自身の気持ちにもっと集中することです。

人生最大に傷ついている状態を10点としたら、今、あなたが抱えている傷は何点くらいでしょうか?

もしくは、高圧的な人のことを思い出すと、その緊張は10点中何点くらいですか?

決して小さな数値ではないはずです。

③心の傷の奥にある思いに寄り添う

心の傷を数値化すると、自分の気持ちを言葉にしやすくなります。勇気を出して書き出したり、ひとり言としてつぶやいてみましょう。

このままじゃ悔しい！　仕返ししたい！　見返してやりたい！

どんな思いでもかまいません。

あなたの気持ちを口にしたり、紙に書き出したり、絵に描いて表現しましょう。

④今後どうなりたいかをイメージする

気持ちを表現したら、今後へ意識を向けましょう。

高圧的な人から解放されたあなたは、のびのびと、あなたらしさを発揮しているはずです。

あなたは、どのように暮らしたり、働いたりしていますか？

そのイメージが、高圧的な人に対して勇気を持って接したあとのあなたの人生です。

そのイメージに向かって歩むんだ、と心に刻みましょう。

「イヤ」という自分の感覚を信じて尊重する

「自分の感覚を信じる」とは、心の底から自分を信じること。

イヤだと感じた、自分の感覚を信じるということです。あなた自身の感覚を信じる勇気を持ってください。

そのためには、**他人が自分と同じ感覚を持つとは限らない**、と思っておくといいでしょう。

高圧的な人の感覚は、あなたの感覚と同じものでしょうか? 違うと言い切る自信が持てない方もいるかもしれませんが、**100%同じでしょうか?** 違いますよね。

元来、何をどう感じるか、皆が100%同じということはありえません。ですから、**何人《なんぴと》もあなたがイヤだと感じている感覚を変えることはできない**のです。あなた自身の感覚を受け止めることができたら、その次にあなたは、「どうなりたいか」を感じてみましょう。

しばらくはその人とやりとりを続けなければならない場合もあるかもしれません。もしそうなら、**どんなタイミングで、その人とのやりとりを終えたいか、考えてみましょう。**

このように、あなたの中のイヤという気持ちを尊重しつつ、現実的なつきあい方を試行錯誤することは十分に可能です。これが、自分の感覚に自信を持った上で、あなたらしいつきあい方をする、ということです。

ターゲットにされた自分をゆるす

もう1つ覚えておいていただきたいのは、ターゲットにされた自分をゆるす、ということです。**ターゲットにされたのは自分のせいではない**、ととらえ直すことです。

高圧的な態度をとる人は、「弱そうな人」を狙います。

こう書くと、「私って弱い人間だから、狙われてしまうのか……」と思うかもしれませんが、そんなことはありません。あなたは弱い人間なのではなく、**自信を持てない部分があるというだけ**なのです。

たとえば、小さい頃に「ダメ」と言われたことがきっかけで、自分の感覚に自信が持てなくなっているのかもしれません。

狙ってきた相手に悪意があったんだ、自分が弱いからではないんだ、ととらえてみましょう。

よい部分もダメな部分もあっていい

ターゲットにされた自分をゆるすと、自分に自信のない部分があることと、自分らしい選択をすることを切り分けて考えられるようになります。**あなたに自信がなくても、あなたがどんな行動を選ぶかはあなたの自由です**。

自分にはダメな部分があるとわかった上で、イヤなものはイヤという選択肢が自分にはあるんだ、と思えるようになっていきます。

自分のことを、○か×か、白か黒かでとらえていませんか？

あなた自身が、あなたのことを、よい人・ダメな人、と決めつけすぎず、**よい部分もダメな部分も両方ある、その上で現実的かつ自分にとってベストの選択を日々、選び続けていこう**、と思えるようになった頃には、あなたの前から高圧的な人がいなくなっていることでしょう。

解決アドバイス

自分の立ち位置を決めるとラクになる

文句を言う人たちが怖い……

Nさん（20代女性・販売）

勇気を出して参加した薬膳料理のクラス。薬膳を好きな人なら他人にも優しい人が参加しているものと思っていました。なのに何度か通ううち、生徒さんが先生の文句を言っているのを聞いてしまったのです。

まるで私のことを言われているかのように感じて傷ついた気持ちになっていると、「あなたも、困ったことがあったら私たちに言ってね！」と声をかけられ、怖くなってしまいました。もう通わないほうがいいのか悩んでいます。

アドバイス

ガマンも否定もせず距離を置く

こういうときは、ガマンして悪口につきあう必要はありません。

今後も通う場合は、文句を言う人たちと距離を置きましょう。「あなたも困ってるんでしょ?」など会話に誘われたら、「まだ入ったばかりなので特には……あ、ちょっと返事をしないといけないことがあって」とスマホを手にその場を離れてみましょう。

文句を言っている人は、自分たちが話していることは正しいと思っています。彼女たちの会話を否定すると、Nさんに敵意が向かってしまうこともあるでしょう。会話は否定せず、物理的に距離をとってください。

他のクラスを探す場合は、「文句を言うタイプの人はどこにでもいる」と心得た上で探すことです。「私は薬膳料理を習うのだけを楽しみに行こう」など自分の立ち位置を決めて参加しましょう。参加者の様子を確かめながら、気の合いそうな人がいれば話そう、と自分のペースで楽しめるといいですね。

心のカーテンを使いこなす

しなやかな人づきあい……この響き、ステキだと思いませんか?
しなやかな人づきあいをしている人は、このように過ごしています。

- 周りには、いっしょにいて気疲れしない人がいる。
- 日々の暮らしの中に苦手と感じる人がいない。
- たまに苦手な人と出くわしても、相手を傷つけないで自分自身も守れる。

傷つきたくないけれど、本当は人と触れ合いたい。そんな矛盾に疲れたら、心にしなやかさをもたらす「カーテン」をつける方法がおすすめです。

傷つかないですむようにハリネズミのような衣を身にまとったままでは、心の周りに重たい「シャッター」が閉まっているようなものです。

一度シャッターを閉めたら二度と開けるものか、と決めていませんか？　なのにやはり、友人や恋人、パートナーがほしいと思うから、殻《から》に閉じこもっている自分に思い悩むのではないですか？

もっと軽やかに心の扉を開け閉めできたら苦労しませんよね。

ならばそのシャッターを、「カーテン」につけかえましょう。

レースのカーテン、遮光カーテン……どんなものでもかまいません。カーテンは、シャッターよりはるかに開け閉めがラクですし、あなたの心もきちんと守ってくれます。

心の状態に合わせたカーテンを使う

心の傷が深いときには、重たいシャッターを下ろしてかまいません。**シャッターを下ろして、傷を癒やす時期も必要だからです。**傷が癒えてきたら、好きなカーテンを選んで取り替えましょう。

心のシャッターを下ろしていた時間を十分に過ごし、傷が癒えてくると、また誰かと交流したいと思うようになります。そう望むことを自分にゆるしてあげましょう。しなやかなつきあい、と聞いて浮かんでくるのは、私にとっては「竹」です。竹は風に揺れ動きますが、なかなか折れません。

竹のようなしなやかな心を保つために、シャッターを下ろして静かに過ごすこともあれば、レースのカーテンにつけかえて軽やかに周りの人と関わったり、興味のあることに取りくむこともあるでしょう。

自分を傷つける人からちゃんと離れる

シャッターを閉めたはずなのに、傷つけてくる相手との心の距離がとれていないことがあります。

すると、みずからシャッターを閉めたのに、「私がシャッターを閉めていることを周りに気づかれたらどうしよう」とおびえながら過ごしたり、シャッターを閉めているのを隠したまま、傷つけてくる相手と以前と変わらぬ態度で交流しよう、と考えたりします。相手に隠しながら閉めた状態を保つのは、すごく疲れます。

シャッターを下ろすと決めたなら、しっかりとシャッターを閉めて、心の中に安心感を取り戻しましょう。

これが、**傷つけてくる人からちゃんと離れる**ということです。

心の中に安心感を取り戻していけば、やがてシャッターが重たいと感じる瞬間がおとずれます。それが、シャッターを上げてカーテンにつけ替えるときです。

ただし、ショック状態が続いていたり、とてもひとりきりで過ごせる気がしないという場合は、あなたのことをジャッジせずに受け止める訓練を積んだカウンセラーや臨床心理士、公認心理師などの専門家に話を聞いてもらいましょう。

シャッターをカーテンに替えるタイミングはいつ？

シャッターからカーテンに切り替えていいのは、いつでしょうか？

そのタイミングを計るには、**シャッターの重さを数字であらわしてみるとわかりやすくなります。**

いちばん重いシャッターを10点とすれば、今下ろしているシャッターの重さは何点ですか？

重さをイメージするのが難しい方は、厚さなど他の感覚で感じてみるとよいでしょう。

10〜6　→　シャッター
5以下　→　カーテンに替えていいタイミング

数値が小さいときは、相手との距離を縮めてもいいと思えている証拠です。

カーテンに替えるタイミングの数値は、5以下ではなく3以下、あるいは7以下

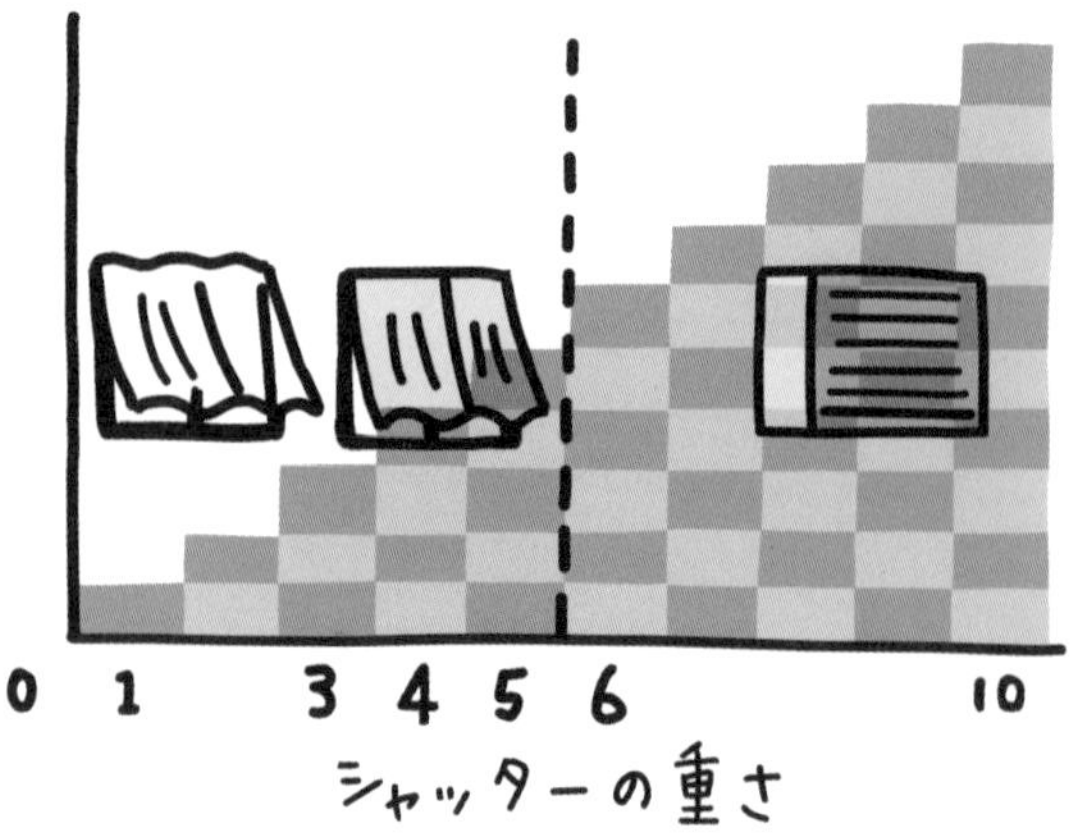

など、自分なりの基準でかまいません。

さらに、数値によってカーテンにバリエーションをもたせてみましょう。

5〜4 → 遮光カーテンに替える
3〜1 → レースのカーテンに替える

傷つきやすい人は、傷つくことへの恐れが強いあまり、他人のことを「自分を傷つける人か、そうでない人か」でとらえがちです。

人間関係とは本来、互いの心の陣地に近づいたり離れたりをしなやかに繰り返すものですが、傷つきやすい人は「近づいて大丈夫か、絶対近寄るべきではないか」と思うところがあります。

傷つきたくないなあ、と漠然と思うだけでは、シャッターを閉めるべき相手なのか、そうでないのかを判断するのは難しいものです。

自分の心の陣地を守りつつ、しなやかに人間関係を調整するには、相手とどの程度近づきたいか、あるいはどのくらい距離をとりたいかを数値化しましょう。

「今、私がこの人に対して下ろしているシャッターは7くらい」と数字で言えると、この人とは距離をとりたいと思っているとわかります。

「先週は7だったけど、今日は3かな」と感じたら、今日は相手に対して、軽やかな気持ちで接してもいいと感じている、というように、自分の気持ちに合わせた行動をとれるようになります。

必要なのは、**自分の心を守りつつ、少しずつ心を交わしていくことです。**

はじめはシャッターを下ろし、心の傷を癒やす時間と場を確保します。

じきに心の中の安心度が上がっていきます。安心して生きるためにも、**シャッターは相手にはっきり示していいのです。**

しつこく攻撃される場合は、シャッターやカーテンが相手には見えていないと思ってください。そんなときは、相手にも見えるようにシャッターやカーテンを閉めましょう。

次のような行動をとることで、あなたがシャッターやカーテンを閉めていることを相手に理解させることができます。

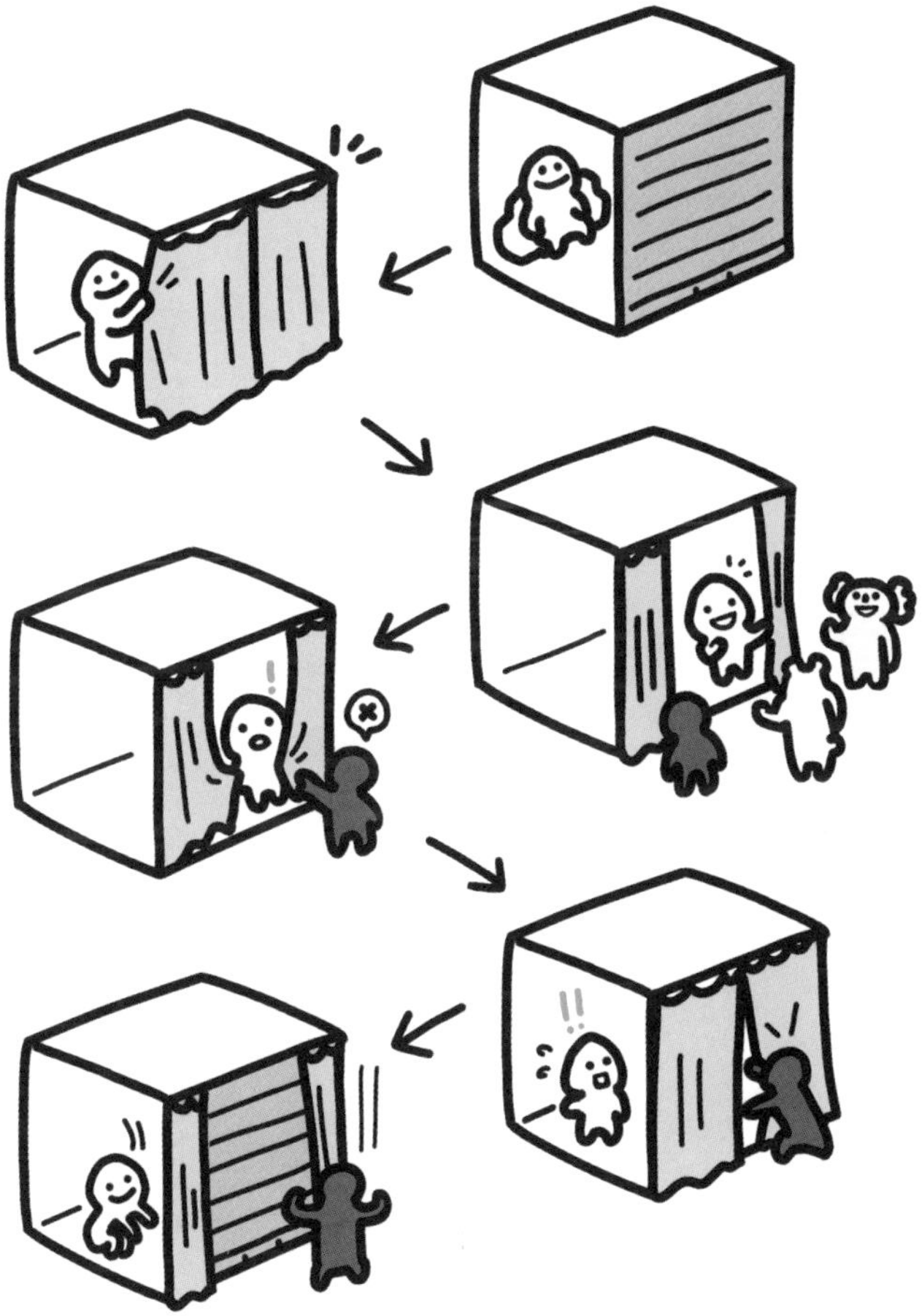

● 相手に近づかないようにする

「あ、トイレに行きたいので」など当たり障りのない理由を用意しておいて接触を避けたり、聞こえないふりをしたりしてかまいません。

● チャットの返信が必要な場合は、スタンプかリアクションのみにとどめておく

それでも相手の攻撃が続き、自分ひとりでの対処には限界がある場合は、他人の力を借りましょう。自分と同じような思いをしていそうな人や、助けてもらえそうな人に状況を相談して、集団での対処を考えたり、もしくはその人に助け舟を出してもらったりしてください。私ひとりではなく、集団で対処するぞ、という意思を相手に示すことは効果的です。

ちょっと相手と交流して、少しでもイヤな思いをしたら、さっ、とカーテンを引いて心を守りましょう。

解決アドバイス

言いたくないことは
言わなくていい

自分のことを他人に話したくない

Tさん（30代男性・IT）

私は自分のことを人に話すのが得意ではありません。

先日、とある交流会で、プライベートでは何をしているの？　としつこく聞かれ、しかたなく趣味のオンラインゲームの話をしました。話をどんどん突っこまれてつい、去年優勝したことまで話してしまいました。本当は言いたくありませんでしたが、相手に強引に押されて話してしまったのです。

すると、「軽く自慢？」と笑われました。話さなければよかったと後悔しています。交流会には興味があったのですが、今後が憂鬱です。

アドバイス

心の聖域はあなただけのもの

初対面の場で、プライベートに首を突っこんでくる人はどんなところにもいます。こんなときは、その交流会に今後も参加し続けたいか、自分の本心を確かめましょう。

本心がわからない場合は、そこで何を得ると満足するか、明確にするとよいでしょう。たとえば、あることを勉強したいから、あと2回は参加して、学べたらやめる、といった具合です。

言いたくないことは、言わなくてよいのです。得意なことを伝えると自慢かと笑い、お願いしていないのにアドバイスをしてマウンティングしてくるタイプの人とは、はっきりと距離を置きましょう。

他人への期待はほどほどにしておく

周りの人と、同じ温度感で物事を分かち合えないさみしさがある。

このような人は、「わかってもらいたい！」という期待が強すぎるのです。わかってもらいたい気持ちが空回りして、人の顔色をうかがうようになり、やがてそれに振り回されてしまうこともあります。

期待をほどほどにすることが、不用意に傷つかないコツです。

ここで、「心の陣地」を思い出してみてください。傷つきやすい人は、ときに相手の心の陣地を思い通りにしたくなることがあるのです。

相手との交流が増えて、お互いの考えや心の中を明かすと、私のことをわかってくれているとか、似ている部分があるから相手も私と同じ考えだろう、などと思いがちです。これが期待をつのらせている状態です。

一度期待をつのらせると、それは増していくものです。**自分が気持ちを一方的にふくらませている状態だ、と気づくことも大切です。**

期待をほどほどにするには、相手の考え・価値観・感覚が、あなたの人づきあいにおける基準に沿っているかを確認しましょう。

相手への期待をほどほどに保つ4ステップ

①感覚が違う人がいると認める

話がかみ合わず、わかってもらえないときや、相手の返事に納得できないときは、その人とあなたの感覚に差がある可能性があります。

多くの場合、感覚の差を埋めることは不可能です。そんなときは、**この人とは感覚が違うんだなあ、**と考えてみましょう。これも人との距離をとる方法の1つです。

②期待しすぎていないか確認する

話がかみ合わないモヤモヤをスッキリさせたい！　わかってもらいたい！　と思う

気持ちはよくわかります。しかし、相手があなたの気持ちや言いたいことを感覚的に理解できないなら、それは難しいかもしれません。

理解できない相手に、わかってほしい！　と期待しすぎていないか、自分の気持ちを確かめてみましょう。

③落としどころは何？

同じ感覚を分かち合えないときは、外国人同士がそれぞれの母国語でまくしたてているようなものです。このような場合は落としどころを意識しましょう。**相手に最低限してほしいこと（もしくはしてほしくないこと）は何でしょうか？**

たとえば、電気代節約のために、部屋の電気をこまめに消してほしいとします。でも、節約したい気持ちをわかってもらおうという期待はせず、「使っていない部屋の電気は消してほしい」とだけ伝える。これが落としどころです。

④落としどころを伝えることだけに集中する

先ほどの例で言うと、電気のスイッチを切る条件を教える、消してくれたら「ありがとう」と伝える、という具合です。

アンテナの違いを受け止める

傷つきやすい人のアンテナは、高感度です。

けれど、**他人のアンテナは、あなたほど高感度ではない可能性があります。**

アンテナの感度は簡単には変わりません。生まれもった気質レベルのもの、もしくは子供から大人に成長する過程で育《はぐく》まれたものだからです。

気持ちの優しい傷つきやすい人であれば、できれば出会う人すべてと仲良く、争わずにいたいと願っていることでしょう。しかし、**合わないアンテナとは「合わない」**のです。

いろいろな人と仲良くなりたければ、自分のアンテナの感度を受け入れた上で相手のアンテナに応じた接し方をしましょう。

実は自分を押し付けていたのかも!?

アンテナの感度の違いを受け止められるようになると、周りの人とのコミュニケーションに変化があらわれます。**互いを尊重する気持ちが生まれるのです。**

毎日お風呂に入りますよね。好みのお湯の温度は、人それぞれ。アンテナの感度の違いはお風呂の好みの温度の違いのようなものなのです。親の好みの温度は42度、あなたは39度が好き、としましょう。39度で毎日お風呂の湯を入れると、親としてはあまり気分がよくないかもしれません。

同じことが、あらゆることへの感じ方、考え方にも言えます。

あなたが考えを一生懸命「わかってもらいたい！」と説明するのは、「あなたも私と同じ温度のお風呂に〝気持ちいいなあ〜〟と思いながら入ってよ！」と強要しているのと同じ。これではあなたの好みや考えを押し付けていることになります。

好みの違いを踏まえた上で毎日ケンカせずにお風呂に入るにはどうしたらいいか？と工夫すればいいのです。

互いの好みを尊重した結果、入浴の順番を工夫したら、うまくいくかもしれません。

互いの感覚を否定するのではなく、「そういう感じが好きなんだね」「そういうふうに感じるんだね」と尊重し合えると、互いが納得できる方法を話し合えるようになります。

自分の好みを誰かに伝えるのは自由ですが、相手にも好みがあります。最後は、互いがゆずり合ったり納得したりして落としどころを見つけていきましょう。

解決アドバイス

どうせわかってもらえない、と腹をくってスッキリしよう

結婚しないの？　が死ぬほどイヤ

Mさん（30代女性・営業）

実家に帰省したくありません。親や親戚から「結婚しないの？」「仕事ばかりして心配」と言われるたびにすごく傷つきます。「その話はしないで！」と何度も言っているのに、親にはどうしたらわかってもらえるでしょうか？

アドバイス

思い切って距離を置いてよし

はっきり申し上げます。親の期待にこたえなくてかまいませんし、Mさんが自分を責める必要もありません。

冷静な口調で「結婚や出産の話をされると私は傷つきます。これ以上、この話には答えません」と伝え続けましょう。相手は驚き、はじめはあなたの話を受け入れないかもしれません。この会話は一度では終わらないことが多いので、何度も冷静に伝え続けましょう。

それでも通じないのであれば、この先何を言っても通じません。残念ながら、わかってはもらえないと腹をくってください。場合によっては、距離を置くことをおすすめします。

親などの期待にこたえてあげなくては、と思いすぎていないか、自分の心に確認しましょう。

優しい距離をとる

傷つきやすい人がいちばんに求めるのは「安心」です。

安心したいから、親しめる相手とつきあいたいのです。

親しい関係を築き、なおかつ安心してつきあい続けていくためには、距離の調整が不可欠です。


どんなに仲がよくても、知らないうちに相手の心の陣地に踏みこんでいたり、相手のコンプレックスを刺激してしまう可能性はゼロではありません。

相手にとって心地よい距離を、あなたがコントロールすることは不可能です。相手が感じる距離感は相手のものだからです。あくまでも、**自分にとっての心地よさを調整してください。**


親しい間柄、というのは、互いに心地よい距離を、それぞれが自分の責任で調整し合

える間柄のことです。それが互いの関係を保つための優しさとも言えます。

ここでは、親しい相手に違和感を覚えたときの距離のとり方を4つのステップで解説します。

親しい人と優しい距離をとる4ステップ

①心の陣地の重なりを確かめる

親しい人との心の陣地の重なり具合を、93ページで描いたように、円であらわしてみましょう。

②自分の心の陣地の心地よさを確かめる

ここで、自分の心の陣地全体を感じてみましょう。

相手の心の陣地と重なっている部分の面積は、自分の心の陣地とバランスがとれていると感じますか？

心の陣地の重なりは、多すぎても少なすぎてもバランスがとれません。ちょうどいいと思えているかを確かめましょう。

③相手のイヤを変えようとしない

実は相手も、心の陣地の心地よさを無意識のうちに確かめています。相手が心の陣地のバランスが崩れたと感じると、距離をとろうとするはずです。相手が距離をとろうとするのを、何とかしたくなるかもしれませんが、ここは相手の気持ちを尊重しましょう。

④心の陣地の重なりをこまめに調整する

自分も相手も、それぞれの感覚で心の陣地の重なりを楽しんだり、逆に負担に感じたりすることがあります。

負担を感じたら、様子を見つつ、距離を置きましょう。

相手から距離を置かれたら、そっとしておいたり、ころあいを見計らって声をかけたり、というように接するのが親しい人と長くおつきあいする方法です。

相手の「イヤ」を受け入れる

相手に距離をとられてしまったとき、相手が「イヤ！」と思っている気持ちを受け入れるのは悲しいものです。相手に嫌われないよう、どうにかしたくなるでしょう。しかしまず、悲しみを受け止める必要があります。

傷つきやすい人にとって、これは簡単ではないかもしれません。親しい人に急によそよそしくされると、「どうして？　私、何をしてしまったの？　教えて？」とはっきりさせたくなります。傷つくのが怖いから、そう思ってしまうのです。

相手に距離をとられた理由を知ることは大切ですし、自分に「理由もわからず、嫌われたままでは悲しい」という気持ちがあることも事実です。ただ、**相手の「イヤという気持ち」は、あなたにはどうしようもできないものなのです**。

相手の「イヤ」を受け入れる、とは、相手には「イヤ」という気持ちがある、私には「嫌われたままでは悲しい」という気持ちがある、というように、それぞれの「気持ちの存在」を認めるということです。

このとき、傷を深めないためにぜひ覚えておいてほしいことがあります。**相手にイ**

ヤがられたとしても、あなたがイヤな人間だというわけではない、ということです。

嫉妬には優しく距離をとる

相手に嫉妬されて距離をとられた場合、相手はあなたに脅威を感じています。相手からすると、あなたの存在が自分の居場所を脅かしているから、距離をとるのです。

こんなとき、あなたには何ができるのでしょうか。

あなたも距離を置き、必要以上に何とかしようとはしないことです。

あとは今まで通り、あなたのままで過ごしてください。

あなたが距離を置いたら、相手に与える刺激が少なくなります。それでいいのです。

それでも相手の嫉妬が強く、嫌がらせやハラスメントを受ける場合は、すみやかに誰かに状況を打ち明け、相談してください。

傷つきやすい人は、嫉妬心をむき出しにしてくる相手に対してまでも「相手の気持ちがやわらぐよう、何とかしてあげたい」と思うところがあります。

でも、そこは触れてはならないところです。相手は、あなたが対応しようとすればするほどコンプレックスを刺激されるからです。

必要以上に近づくことは避けて、相手の心の陣地を尊重しましょう。

これも「優しく距離をとる」ということです。


あなたにそのつもりがなくても、相手があなたのことをイヤだと思うことがあります。悲しいことですが、**相手の気持ちは相手次第、と心得ましょう。**

相手が距離を置きたいそぶりを見せているときは、「私、何かしちゃったかな？」と一度くらいは確認してもいいでしょうが、その後はこちらも距離を調整しましょう。

あなたとの関係をどうするのかは、あなたが相手に確認する自由があるのと同じように、相手にも決める自由があります。

相手がどうしたいのかを尊重し、距離を調整しつつ、あなたはその人との関係を続けたいのか、続けるなら、どんな関係を育みたいのかをゆっくり考えてみましょう。

それでも傷ついたときは

ここまで、無神経な人への対処法をお伝えしてきました。対処法がある、とわかっただけでも安心していただけたのではないでしょうか。

1つ付け加えると、傷つきやすい人は、普通に暮らしているだけで人の何倍も傷ついてしまうリスクがあります。

無神経な人がいてもいなくても、やわらかくて繊細な心に傷を負う機会が多いのです。その分、こまめに心のケアをしていきましょう。

そこで、日々できる心のケアを3つご紹介します。ふだんの生活に取り入れてみてくださいね。

● ひとりになる

トイレの個室でホッとする方は多いと思います。

ひとりになるとホッとするのは、物理的距離がとれている証拠。あなたの心の陣地に戻る大切な一歩です。ひとりになることは、傷つきやすい人にはたいへん重要なことです。

● やわらかいものに包まれる

やわらかいものを持ち歩くとよいでしょう。

ホッとする手触りのハンカチや文具をそろえましょう。

自宅では、ホッとできる感触の寝具

や部屋着ですごし、肌触りのよいものに囲まれていましょう。

●体に意識を向ける

たとえば、自分で自分を抱きしめてみてください。恥ずかしくてできない、という方は、手のひらをもう片方の手の甲や太ももに置くだけでもかまいません。

グッズを使う方法もあります。ビーチタオル、厚手の毛布など重みのある布で体を覆います。重みを感じる毛布(weighted blanket)やシルクの毛布もよいでしょう。

それらで体を覆ったとき、包まれるよ

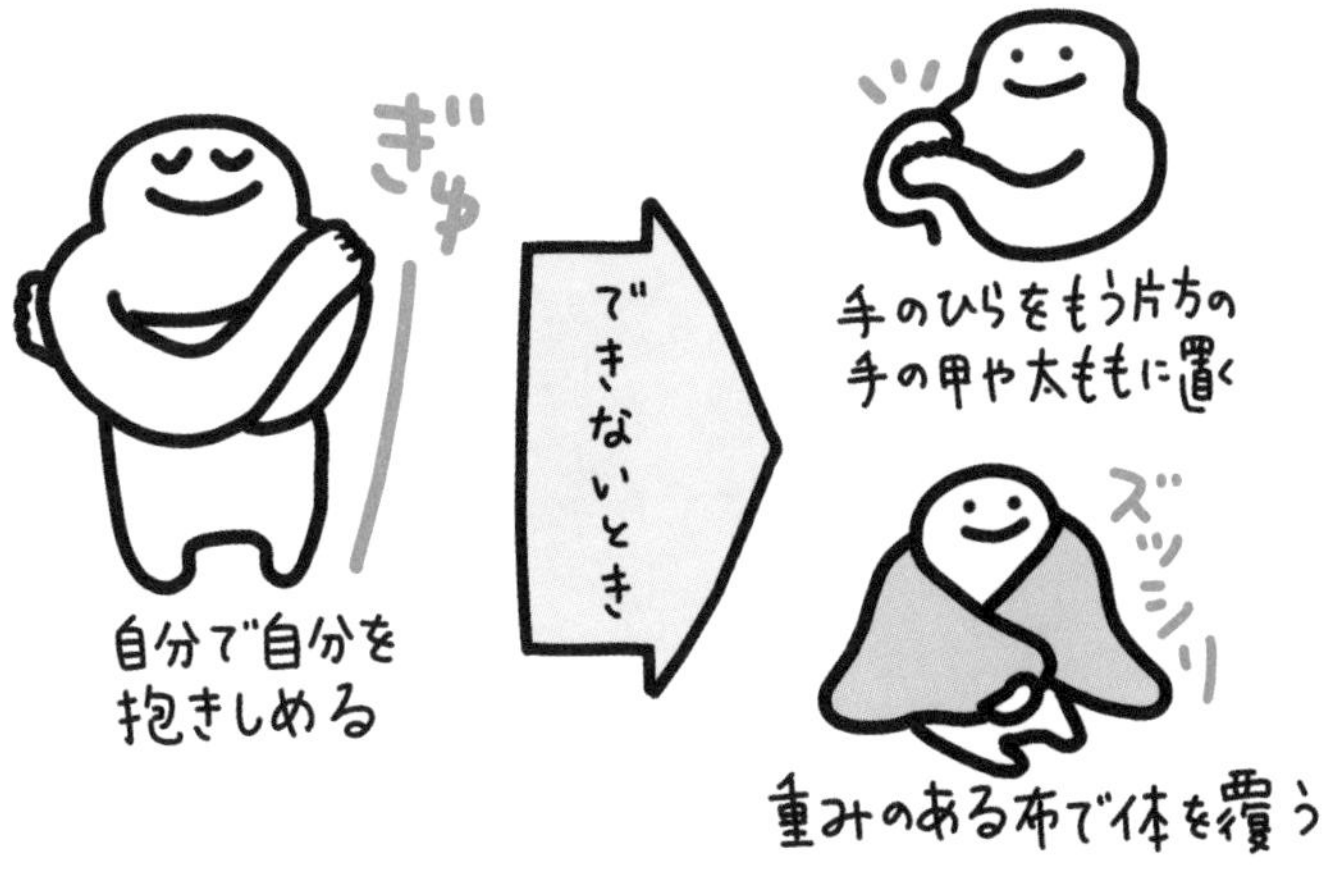
ぎゅ
自分で自分を抱きしめる
できないとき
手のひらをもう片方の手の甲や太ももに置く
ズッシリ
重みのある布で体を覆う

うな感覚を味わいましょう。

心のケアをして安心してくると、こらえていた感情がこみあげてくる場合もあります。

楽しかったこと、嬉しかったことは、じっくりかみしめましょう。

怒りや悲しみ、さみしさがこみあげてきたら、怒ったり、泣いたりしてよいのです。

話を聞いてくれる人や、話を聞いてもらえる場があれば、話してみてよいのです。

喜怒哀楽をそのまま表現することも心のケアです。

第3章

無神経なひと言から心を守る

「あの人はなんであんなことを言うんだろう？」と思うことがありませんか？
そんなとき、相手のとらえ方や考え方を理解すると
状況がのみこみやすくなることもあります。
そこで、同じ状況を無神経な人が
どうとらえているのかを比べました。
「こんなにも違うのか！」とはっきりわかると思います。
無神経な人の心の中について学びつつ
自分の心の中の感覚を大切にしていいんだ
と思っていただけたら嬉しいです。

こんな言葉に傷つけられていませんか？

無神経な人の心の中がいかに短い文であらわせるか、つまり無神経な人は物事をいかにシンプルにとらえているかを見ていきましょう。

「え!?　これしか感じていないの？」と驚くかもしれません。この感じ方の差がアンテナの感度の違いです。

違いがわかると、「私の感覚と無神経な人の感覚は別だから、うまくいかないのも当然だ」と受け入れやすくなります。

さらに、それぞれの言葉の解説の最後に「**あなたらしさに戻るフレーズ**」を紹介しました。**傷ついたらゆっくりと、自分に語りかけるように読んでください**。あなたが感じた感覚を否定することなく、心の中でかみしめるほどに、心の傷が癒えるはずです。

私を否定された気がする

「考えすぎなんだよ!」

↓傷つきやすい人の心の中…

いきなりこう言われると、ビックリする! どこが考えすぎなのか、よくわからない。というか、みんなここまで考えないでいて、大丈夫なの!? だけど、「考えすぎなんだよ!」と言われるくらいなんだから、きっと私は深く考えてドツボにはまってるんだろう。でも、気になるし、考えすぎないでいる方法なんてあるの? 私だって、あなたみたいに考えるのを途中でやめてみたいけれど、どうしたらそんなことができるのかわからない。

↓無神経な人の心の中…

まただ! この人はどうして毎回悩むんだ?? 面倒くさい奴だなあ。

無神経な人は、深く考えない

「考えすぎ！」は言われたくないフレーズ第1位に入ります。実際の相談内容でも、ほとんどの方が「考えすぎ」と言われて傷ついています。

自分では考えすぎているつもりはないのに、考えることがネガティブであるかのように言われ、人格を否定されたと感じるからです。

傷つきやすい人があれこれ考える姿は、無神経な人には考えてもしかたがないことをムダに考えているように見えるのです。

無神経な人は、無意識のうちにあれこれ考える感覚がとても弱いのです。自分にない感覚だから、理解できません。

ここで大切なのは、考えてしまうのを否定しないこと。**考えたいのだから、考えていいのです。**

場合によっては、無神経な人には、

「あれこれ考えるのが好きなんです」

と言い切るのも1つの方法です。
あなたは考えないかもしれないが、私は考えるのが好きだと、互いのあり方を認めるつもりで伝えれば、角も立ちません。

傷ついたら唱えてほしい

あなたらしさに戻るフレーズ

私はあれこれ想定して対策を取ることで、気持ちが安定するのです。
だから気がすむまで考えたい、ただそれだけのことなのです。

ていねいに、正確にやろうとしているのに

「完璧主義だよね」

↓傷つきやすい人の心の中‥

え!? このくらいやらないとダメだと思っているのに。普通、このくらいやるものでしょう? みんなはここまでやらなくても平気なの!? 何をするにも確認は必要だし、実際取りくみだしてからも、いろいろ確認することって出てくるのに。確認しないで進めるリスクがわからないのかな?

↓無神経な人の心の中‥

そんな細かいところにまでこだわる必要ないのに! 間違えたら、やり直せばいいだけなのに。

どんなことにも誇りを持って取りくんでいるだけ

きちんと確認するほうが当たり前だと思っているのに、「完璧主義！」と言われ、見下されたような気がして傷ついていませんか？

あなたのていねいさは、プロとして誇りに思うべき資質です。一方で、時間に追われているときや、スピードを求められるときには重たく思われるかもしれません。

「急いで！」とか「とにかく手を動かして！」と何度も指摘されたら、**表面的な確認にとどめ、まずは切り上げてよい、というサインです。**

相手からの指示は、「早く終わらせて」であり、「絶対にミスをしないで」ではないかもしれないからです。

もともと慌ただしい仕事についている人（看護師など）は、仕事は慌ただしいもの、と受け止めることも効果的です。オフのときには心のおもむくままに没頭できることをする、というようにメリハリをつけることもおすすめです。

傷ついたら唱えてほしい

あなたらしさに戻るフレーズ

確認することは、プロとして誇らしいスキルなんだ。

私なんていないほうがいいの？
「あんたバカなんじゃないの？」

↓傷つきやすい人の心の中：

私はみんなと同じようにできないし、すぐ悩んだりするから、バカって言われてしまうんだ。

私は、どうしてさっさと作業にとりかかれないんだろう？　それがわからないってことがバカってことなんだろうな。迷惑ばかりかけて、本当に申し訳ありません。私なんて、いないほうがいいんだと思う。

↓無神経な人の心の中：

何を言っても通じない。イライラする！　関わるのも面倒！

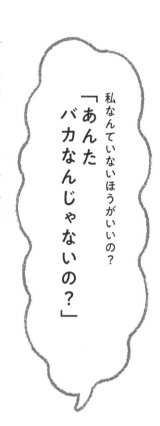

距離を見直すタイミングが来ただけ

「バカ」と言われるとき、多くの場合、相手はこう考えています。

「私の言う通りに、なぜやらないの？　できないの？　私の言っていることは世の中では当たり前のことだから、その通りにしておけば大丈夫なのに」

つまり、相手の基準を、あなたにあてがおうとしている状態です。

また、悪意を持ってバカと言っている場合は、相手はあなたを攻撃しています。

どんな状況であれ、**攻撃を真《ま》に受ける必要はありません**。

バカ！　と言われたら、「私のどこがダメなんだろう？」と自分を責めることもあるでしょう。

でも、あなたは必死に努力しているはず。それでもできないことがあるのかもしれません。人間は完璧ではないのですから。その人とは距離を置き、あなたが何を改善すべきなのか、第三者に相談することをおすすめします。

あなたを攻撃してくる人とはわかり合えない。

それでいいのです。

傷ついたら唱えてほしい

あなたらしさに戻るフレーズ

私らしい考え方、取りくみ方に、私は誇りを持っている。
そのことを私自身がいちばんよく理解している。

確認しようとしただけなのに
「言った通りにしていればいいの！」

↓傷つきやすい人の心の中…

その言い方、怖い！

私は私なりに理解してからちゃんとやりたいだけ。いろいろなリスクが見えてしまうから確認したいのに、なぜそんな突き放したような言い方をするんだろう？

そんなに怒るくらいなら、もっとていねいに説明してくれたらいいのに。そうしたら私は説明された通り、間違いなくやれるのに。

↓無神経な人の心の中…

なんでいちいち聞かないと気がすまないの？

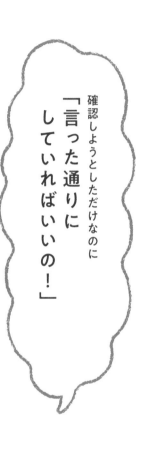

間違えても大丈夫！

こんな状況のときは、「くわしく確認したいとき」や「すべてにいっぺんに対応しようとしているとき」かもしれません。**「ちゃんとやりとげたい」というまじめな思いの裏返しです。**

傷つきやすい人は、作業するとき、出かけるとき、誰かに会いに行くときなど、「これをして大丈夫？」「これをしたらどうなる？」という観察や注視をしています。「私が何かしたことで、周りにどんな影響が及ぶかを把握しておかないと」と思ってのことです。

手順はひととおり教わってはいるけれど、自分はまだこの作業には慣れていない。慣れていないがゆえにわかっていないことがあるかもしれない。マニュアル通りに操作しても、実はマニュアルに記載されていないが、慣れている人なら当たり前のこととして知っている〝隠れ手順〟が存在するかもしれない。それを知らずに操作したら、間違えたことをするかもしれない。教えてくれる方の手間や時間を奪い、迷惑がかかってしまう。モレやヌケがないか、まんべんなくチェックをおこなってから操作すべきだ……。

そう思うからこそ、何かを始める前に確認したい。これが傷つきやすい人の思う「確認」です。確認が取れたら、言われた通りに寸分の違いもなく作業をこなすつもりでいます。

ここでおすすめしたいのは、間違いへのリスク管理を少しゆるめることです。自分にも周りにも厳しすぎる面があるからです。間違えないにこしたことはありませんが、まずは文字通り手を動かしてみましょう。

「言った通りにして」と言った人は、「言った通りにしたら大きな間違いはまず起きない」もしくは「間違えたらやり直すものだ」と考えています。ここは相手の言葉通りに動いたらどうなるか「確認」する、と考えて、いったん動いてみませんか？

間違えないように事前に確認しなければ、と必死に考えるほど、「私が何とかしなくちゃ」という気持ちも強くなります。

残念なことに、あなたが何とかしなくちゃと思うほど、相手は「素直に手を動かせばいいのに、私の言うことを信じてくれないんだなあ」と、かえってあなたに不信感を抱くこともあるのです。

仮にあなたが間違えたら、そのときは相手に「言われた通りにやったのですが、どこが違うのかわからないので、教えていただけますか」とたずねれば大丈夫です。

一度や二度の間違いで、世の中の人全員があなたを「できない人」と決めつけるとはかぎりません。

世の中にはあなたのことをジャッジしない人のほうが多いのです。

傷ついたら唱えてほしい

あなたらしさに戻るフレーズ

間違えてしまうかも、という不安があっても、確かめるために一度はやってみて、どうなるかを見てみよう。それで大丈夫。

相手を傷つけたくないから言い返せない
「イヤなら そう言えばいいのに！」

↓傷つきやすい人の心の中…

高圧的な人の前では、体が固まって何も言い返せない。もっと強くなりたい。でも、なれない。心が強くなったら、高圧的な人に「イヤです！」と言い返せるようになれるのかな？

でも、「イヤです！」なんて反論してしまったら、相手を傷つけてしまう。誰だって、「イヤ」と言われたら傷つくはず。だから、私は心が強くなっても「イヤ」と言い返してはいけない気がする。

でも、イヤな思いをするのはもうやめたい！　どうしたらいい？

↓無神経な人の心の中…

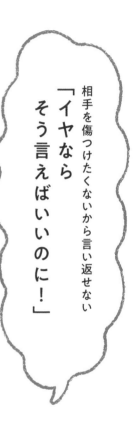

イヤって言わないから、まだ大丈夫。もっと強く出てもかまわない。

相手は私のひと言では傷つかない

イヤ！　とその場ですぐ言い返せる人が、うらやましくありませんか？　すぐに言えるようになりたい、と話し方教室に通ったり、強そうな人のまねをしようと懸命に努力したことはありませんか？　でも、高圧的な人に対処するために、強い人にならなくてもよいのです。

高圧的な人は、あなたの優しさを逆手に取り、どんどん利用します。たとえば、言いがかりをつけてきたりします。「おまえのせいで、迷惑する人がたくさん出るんだ」などと**はっきりした根拠もなく脅してきます**。このような人の言うことは、聞く耳を持つだけムダです。

高圧的な人は、「こいつは何を言っても大丈夫」と無意識に思っていて、こちらがひと言ふた言言い返したところで、その態度が変わるわけではありません。

であれば、**相手に何とか言い返そうとするよりも、あなたの心と体を守ることだけ**

に集中したほうが絶対いいのです。

イヤだと言い返せなかったのは、相手の圧をしっかり感じてしまうからです。高感度のアンテナは、あなたの本当の気持ちのほうにだけ向けましょう。

傷ついたら唱えてほしい

あなたらしさに戻るフレーズ

私が感じていることを大切にしよう！

イヤな人のことより、私の気持ちをいちばんに感じよう。

気づいたことを言っただけなのに「ネガティブだよね」

↓傷つきやすい人の心の中：

こうなったらいいなあ、という意見を言っているだけなのに、周りから「ネガティブ」と言われてしまうのはなぜだろう？

確かに、私はいろいろと気がついてしまうところがある。自分や周りの状況がよくなったらいいなと思うからこそ、理想と現実のギャップに気がついてしまう部分もある。誰かや何かを否定したいわけじゃないんだけどな。

↓無神経な人の心の中：

気に入らないことがたくさんある人なんだな。どんなことも、もっと楽しめばいいのに！

理想と現実の違いを見抜く力がある

傷つきやすい人は、自分にも周りにも、おだやかに過ごしてもらいたいと願っています。苦しみ悲しむ人がいる、と思うと、自分ごとのように悲しくなり、いたたまれなくなることも。苦しむ人、悲しむ人を思いやる気持ちが強いのです。

この思いゆえに「世の中のこういうところが心配だから、このようによくなればいいのに」と、つい口に出すことがあるのです。

「よくなるように」と前向きなことを言っているつもりですが、無神経な人からは「小さいことですぐ文句を言う」と思われてしまうことがあります。

周りを思いやる意見が、無神経な人にはネガティブに聞こえてしまうだなんて悲しいですよね。前向きな意見を言っている自分を、丸ごと否定されたように感じてしまうのです。

否定されたと感じたら、心のシャッターを下ろしてしまう人もいるでしょう。そればかりか、周りの人は世の中のおだやかさを願っているわけではない、と感じて悲しいのではないでしょうか。

あなたの悲しみは、理想と現実の差を感じて生まれる思いです。その悲しさをバネに、**あなたができることで周りをおだやかにしていきましょう。**

あなたならできるはずです。

それだけのエネルギーを、あなたは持っているのです。

傷ついたら唱えてほしい

あなたらしさに戻るフレーズ

私は、世の中がおだやかで平和であってほしい、と真剣に願っています。

そのために私にできることから、やっていこうと思います。

私の努力がまだ足りないの？

「甘えなんだよ」

↓傷つきやすい人の心の中…

私の努力が足りないいんだ。私のメンタルが弱いからダメなんだ。これ以上、何をどうしたらいい？　どうにもできない自分が情けない。

ああ、こうやって悩むこと自体が甘えなんだ。もうダメだ。

↓無神経な人の心の中…

少しでも気にいらないことがあると、小言を言ったり、誰かに何とかしてもらおうという周りへの期待ばかり。現実に向き合わないのは甘えだよ。

これまでの努力を書き出してみよう

周りの人から「甘えるな」と言われて傷つく方にたくさんお会いしてきました。その方たちは仕事や勉強などをさぼっているのでしょうか？　むしろその逆で、これ以上努力できないほど努力している方ばかりです。

限界を感じたから、勇気を出して弱音を吐いたり、相談をしたりしたのですよね。それなのに「甘い」と突っぱねられたら、何もかもイヤになりますよね。

意外なようですが、**努力が足りないと言われたときこそ、今までの努力を振り返るチャンスです。**

傷つきやすい人は、自分が努力してきたことをあまり周りに伝えない傾向があります。「こんなささいな努力を伝えるなんて、自己アピールしているみたい。自慢と思われる」というような出来事も含めて、**これまで努力してきたことをすべて箇条書きにしましょう。**

そのリストは、あなたの努力の証しです。

周りには「これだけのことをしてきたが、行き詰まっているのでアイデアをいただけませんか」と聞いてみましょう。あなたひとりでは気がつくことができないヒントをもらえるかもしれませんよ。

傷ついたら唱えてほしい

あなたらしさに戻るフレーズ

私は人の何倍も努力している。
私の努力が結果に結びつかないときは、今までとは違うやり方を取り入れるチャンスが来ている証しだ。

勇気を出して言ってみたら「何が言いたいの!?」

↓傷つきやすい人の心の中…

意見がないのか！　と言われたから、勇気を出して考えていることを言ったのに、今度は「何が言いたいの？」と言われてしまった。考えたことを全部伝えているのに、どうしたらいいの!?

↓無神経な人の心の中…

黙りこんでいたかと思うと、急に話しだして、しかもその話が細かくて長い！　いったい何が言いたいんだ！

受け取れる情報量は人それぞれ

傷つきやすい人はアンテナの感度が非常に高く、細かいことに気づいたり、気づいたことがどんな結果を招くかを考えます。感じたことをすべて言葉にするから、話が長くなるのです。

傷つきやすい人は、「こんなことを感じた」「あんなことを思った」と、自分の〝気持ち〟を話に付け加えることもありますが、無神経な人には**情報量が多すぎて話のポイントがわからなくなるのです**。

心のアンテナの感度には違いがありますから、傷つきやすい人が感じていることを、周りの人、特に無神経なタイプの人が同じように感じとることはできません。相手には感じとれないことまで伝えて、わかってくれない！　とフラストレーションをためるより、**最低限わかってもらいたいことに集中して伝えましょう**。

傷ついたら唱えてほしい

あなたらしさに戻るフレーズ

私とあの人は、持っているアンテナが違うだけ。
わかってもらいたいことを1つだけ伝えられれば、まずはそれでOK！

迷惑をかけたくない、タイミングがわからない

「もっと早く相談してよ！」

↓傷つきやすい人の心の中：

どのタイミングで相談すればよかったの？　ふだん相談しても聞いてくれないから、迷惑をかけていると思っていた。だから自分でできることを一生懸命やっていた。困っていたけれど言うタイミングがわからなくて、たいへんな事態になってしまった。もっと早くっていつ？　どうすればよかったの!?

↓無神経な人の心の中：

なんでずっと黙っているんだろう。困っているなら、すぐそう言えばいいのに！

「迷惑」をどうとらえるか

傷つきやすい人は、「相手に迷惑がかかる」と考えがちです。でも、そう考えること自体、アンテナの感度が異なる人には理解できません。

傷つきやすい人は、自分がすることと、他人に迷惑をかけることを、たとえば次のようにとらえる傾向があります。

確認したいことが頭に浮かんだ
↓
質問をすると相手の時間を奪うことになるので、質問をしていいか悩む
↓
確認したいことが解決しないので作業が滞り、不安がつのる
↓
このままだと作業が遅れるから迷惑がかかる、と焦りが大きくなる

「もっと早く相談して！」と注意され、心にダメージを食らう

相手に迷惑がかかるといけない……と自分が及ぼす影響を気にして、いつのまにか不安をしょいこんでしまいます。人生における大きな課題だけでなく、ごく日常的に仕事や生活の中で直面する、ちょっとしたこともしょいこみがちです。「迷惑をかけないようにするべきだ」という〝正論〟に基づいているので、自分で問題を大きくしていることに気づきにくいのです。

一方、アンテナの感度がそこまで高くない人は、「迷惑」を少し違った角度でとらえています。

確認したいことが頭に浮かんだ

↓

質問する（ある程度は相手の様子に気をくばる）

こんなにシンプルなのです！

「そんなこと自分で考えて！」と怒られたら、「ああ、忙しいときに声をかけてしまったんだな」とだけ思います。それでも質問すべきことなら「答えてもらわないと仕事が止まります」と言うでしょう。

この場合、「迷惑」とは「作業が止まったり遅れたりすること」であり、**相手の時間を奪うこととは考えていません。**「忙しいときに質問するのは申し訳ないけれど、答えてもらわないと作業が止まるから」と思いながら質問を続けます。

アンテナの感度がそこまで高くない人が考える「迷惑」と、傷つきやすい人が考える「迷惑」は、とらえ方に違いがあるのです。

相手が言う「迷惑」に合わせて、こちらの関わり方を調整してみましょう。

あなたらしさに戻るフレーズ

作業が止まることのほうが迷惑になることだってある！　質問するのは勇気がいるけど、仕事が止まるよりマシかも（そして早く家に帰ってホッとしよう）。

コラム

とても傷つきやすい人が「しなくていい」11のこと

- 自分より他の人の気持ちや考え方を優先しないこと
- 「私さえがんばれば」「私が何とかしなくちゃ」と思わないこと
- 周囲の発する情報にアンテナを向けすぎないこと
- 高圧的な人に言い返せなくても、自分はダメだと考えないこと
- 他の人がするべきことまで引き受けないこと
- 致命的なことでなければ、取りこぼされた仕事に手を出さないこと
- 必要なら相手と距離をとることをためらわないこと
- 他の人に「わかってほしい」と期待しないこと
- 親しい人から距離を置かれたら、無理に何とかしようとしないこと
- 質問や確認の必要を感じたら、「相手に迷惑かも」と悩まないこと
- 相手の期待にこたえようとしないこと

第4章

自分らしく生きていく幸せ

誰もが周りとおだやかに過ごせたら
どんなに安心できることでしょう。
傷つきやすい人の長所や、傷つきやすい人がポジティブになれる
心構えを見ていきましょう。
傷ついた心を癒やす糧にしてください。

心が安心で満たされる魔法の言葉

傷つきやすい人は、何と言ってもらえると、安心できるのでしょうか。

それは、気持ちをくみとってくれる言葉です。どんな「気持ち」でいるかに気づいてもらえたとき、自分の心を受け止めてもらえた安心感に包まれます。

これから紹介するフレーズを必要なとき、誰かに言ってほしいときに自分自身におだやかな口調で伝え続けてみましょう。

そうすることで、傷つくようなことに出くわしても、あなたが、あなた自身の気持ちをそのまま感じてよいのだ、と安心できるようになります。

すると、心から自分に自信を持てるようになっていきますよ。

あなたのことを心から理解してくれそうな人には、「**このような話し方に安心します**」と伝えてみてもいいでしょう。

あなたの周りには、傷つきやすいあなたのことをあたたかく見守っている人がたくさんいるはずです。その人たちと仲よくしていくために、あなたがどう接してほしいのか伝えることは、決して恥ずかしいことではありません。ここはちょっと勇気を出して、伝えてみましょう。あなたのことを大切に考えてくれる人なら受け入れてくれるはずです。

がんばりすぎているときに

「何とかしなくちゃ、と必死だったんだね」

傷つきやすい人の心の中：

ああ、私、必死だったんだ！　無我夢中でいたから、自分の気持ちに気がつかなかった……気持ちに気づいたら、なんかホッとしたなあ。

傷つきやすい人は、自分の周りがおだやかであるよう、落ち着きを保てるよう、常に気を張っています。それが当たり前となり、自分が気を張っていることに気がつかなくなります。そんなとき、「**必死だったんだね**」と優しく声をかけてもらうと、無意識にがんばりすぎていた自分に気づけるのです。

自分自身に戻るきっかけをもらえると、ホッとするものですよね。

心のシャッターがカーテンに変わる
「どんなことが気になるの？」

↓傷つきやすい人の心の中…

この人は、私が何かを理解しようとしているのに気づいてくれている。この人は私の味方だ！


おだやかな口調で「どんなことが気になるの？」と声をかけてもらえると、傷つきやすい人の心のシャッターはカーテンに変わることでしょう。

こう声をかけてもらえるだけで、「私のやり方でも、いいんだ。しかも、サポートしたいと思ってくれている」と安心できるのです。

ていねいさを理解してもらえた

「ちゃんと見ているんだね」

↓傷つきやすい人の心の中…

私が「ちゃんと」見ているのを、この人は気がついてくれているんだ！

ちょっとホッとするなあ。

ポイントは、「**ちゃんと**」です。

人や作業、物事の動きを漠然と眺めているのではなく、見逃しがないように、ていねいに見守る気持ちをくみとってもらえると嬉しいのです。

背中を押してもらえる
「よくがんばったね！」

↓傷つきやすい人の心の中：

私がいろいろ考えていたのが伝わってしまったのは、ちょっと恥ずかしいけれど、考えている様子を「がんばった」ととらえてくれているんだ。

傷つきやすい人は、拾った情報を深く掘り下げて考えます。

「がんばったね」と言ってもらえると、掘り下げたい気持ちを大切にしていいんだ、と思えます。**大丈夫だよ、そういうやり方があってもいいんだよ**、と背中を押してもらえたと安心できます。

願う気持ちを分かち合える

「そうなると、いいよね」

傷つきやすい人の心の中…

私が周りを想う気持ちを、わかってくれているんだ！

傷つきやすい人は、自分の周りがおだやかであるよう、常に願っています。少しでも荒々しい雰囲気を察知すると、その場を何とかしようとして、あれこれと意見を言う姿を、

「**あなたの言っているように、そうなると、いいよね**」

とおだやかに声をかけてもらえると、肩の荷が少し下ります。周りがおだやかであれ、と願う気持ちを分かち合えたようで安心できるのです。

そうなると、いいよね

言い返せない自分をゆるす

「イヤって言い出せなかったんだよね」

傷つきやすい人の心の中：

↓

うん、言えなかった……。

イヤなことをされても、その場ですぐ「イヤ」と言い返せないことが多いものです。こう言ってもらえると、張りつめていた気持ちが一気にほどけます。

言い返せなかった自分はダメなんだ、と打ちひしがれているとき、「**怖くて、イヤと言えなかったよね**」と優しく受け止めてもらえたら、言い返せなかった自分をゆるせます。「あのときは本当にイヤだったし、言い返せなかった自分もイヤ」と思っても大丈夫だと思えると、傷ついた心が癒やされます。

自分の努力に自信を持ちたいとき

「あなたなりにがんばっているよね」

↓

傷つきやすい人の心の中：

よかった！　この努力はムダじゃないんだ！　嬉しい！

傷つきやすい人は、いつも精いっぱい努力しています。涼しげな顔でそつなくこなしているように見えていても、全力を尽くしています。

精いっぱいやっているのに、誰も気づいてくれないと、ムダな努力をしているのかな？　と自信が持てなくなります。そんなとき、「**がんばっているよね**」と声をかけてもらえたら、「**この努力を続けてもいいんだ**」と安心できますよね。

心を開きやすくなる
「大事なことを伝えたいんだよね」

↓傷つきやすい人の心の中…

そう！　私が言いたいことは大事だ、とわかってもらえて、すごく嬉しい！

言いたいことがなかなか言葉にならないとき、「これを伝えなくては！」と焦ります。なので、「**大事なこと**」と言ってもらえると、言葉にしようとしていることを受け止めてもらえた、と安心できます。

傷つきやすい人を理解しようとする姿勢が感じられる相手や場に対しては、心を開きやすくなるのです。

気になったことを伝えられた

「気づいてくれて、ありがとう」

傷つきやすい人の心の中：

誰も気づかないような細かいことだけど、私は気づいていた。そのまま伝えると相手が傷つくかもしれないから、どうやって伝えようか、必死に考えて一生懸命伝えた。うまく伝えられたんだな。よかった！

相手の気持ちに配慮しながら、**これは言っておかなくては**、と気になったことがちゃんと伝わったのです。その結果、相手の役に立ち、感謝してもらえたりしたことがわかると、**勇気を出して伝えてよかった**と思えます。

心の準備ができる

「言いづらいんだけど……」

↓傷つきやすい人の心の中…

うわあ……こんなことを相手に思わせてしまっていたんだ。

でも、「なぜそう思ったのか、私にどうしてほしいのか」を冷静に伝えてくれたから、私も必要以上に動揺せずに話を聞くことができた。

指摘されたのはショックだけれど、言われた内容は理にかなっていると思うから、ちゃんと受け入れてみよう。

おだやかにこのフレーズを言われると、ズキッと刺さりつつも、徐々に受け入れようう、と考えることができる言い方です。

傷つきやすい人が、周りや自分の振る舞いに細かく注意を払うことは何度もお伝えしていますが、人間ですからミスをすることもあります。知らない間に相手の心の陣地に踏みこんでしまうことだってあります。そんなとき、「言いづらいんだけど」とひと言「前置き」があった上で、何がイヤだったのか、どうしてほしいのかを説明してもらえると、相手からの指摘を受け入れやすくなります。

なぜなら、きちんとした説明もなく怒鳴られると、その剣幕にびっくりしてしまい、指摘が頭に入りませんし、筋の通っていない説明をされた場合は、何か裏があるのでは？　と疑ってしまうからです。

「言いづらいことがあるんだけど」とあらかじめ断ってもらえるほうが、心の準備が整いやすい。つまり、指摘を受ける側が心の準備ができるような話し方をしてくれる人は信頼できる、という意味で安心できるのです。

このひと言で何が起きてもがんばれる

「いつでも話、聞くよ」

↓傷つきやすい人の心の中：

私の話も聞いてくれるんだ！　嬉しい！　この人になら、聞いてもらえそう！

傷つきやすい人は、人を助けてばかり。自分にも聞いてもらいたい話があるけれど、心を開いて話せる人がほとんどいないと感じていることが多いようです。家庭や友人関係、職場に、たった一人でも「聞くよ」と言ってくれる人がいたら、心強いですよね。

この人がいるから、何が起きても私はがんばれる。

そう思えるひと言です。

あなたにしかない長所がたくさんあります

あなたの感受性の強さを、人の長所を見つけることに使っているなら、その力をあなた自身にも向けましょう。

あなたのまっすぐな姿勢を見てくれている人は必ずいます。
細やかな心配りを求めている人もたくさんいます。
あなたがいることで、がんばれる人がたくさんいます。

大きな目標に向かって努力を積める

傷つきやすい人には、優しくていねいに接する細やかな感性と、人や周りを気にかける思いやりがあります。自分の一方的な考えで行動するよりも、みんなの役割や分担を頭に入れつつ、自分のやるべきことをこなし、その先の未来も見据えています。よき未来のために、みんなの気持ちや考えに注意を払いながら、できるだけ問題なく大きな目標に向かおうと考える力を持っています。

いろいろな人と、平和にやっていきたいと願っている

傷つきやすい人は、どんな人にもおだやかで平和な日々が訪れることをいつも願っています。実は、無神経な人ともおだやかに平和につきあっていけたらいいのに、と思っているのです。

傷つきやすい心を持っているからこそ、人をこよなく愛し、大切に接することで、周りも自分も平和に過ごせると信じています。相手がどんな人であっても、傷つけたくないと思っています。人と人が傷つけ合うことなく常に協力し合える社会を実現したいと思っているのです。そのためには、お互いという存在を理解し、尊重し合えるつきあいを広めたいと思っています。

傷つきやすさがポジティブに生かされると……

心の傷が癒えると、自分に自信が持てるようになります。すると、本来持っていた自分らしい力を発揮できるようになります。

たとえば、自分の気持ちと他人の気持ちが混じって、どうしたらいいかわからなかった部分が解消されると、自分と他人の立場、考えを受け止めた上で、適切な落としどころを見出す力として発揮できます。

自分が傷ついた経験があるからこそ、深い思いやりをもって周りと接し、その結果、前向きな場を生み出すこともできます。やわらかな口調であたたかく話す姿は、周りの人の気持ちをおだやかに保つことでしょう。

ふだんはおだやかなあなたですが、みんなにとって大切なことは明確に伝えます。わざわざ大声を出さなくても、みんなから信頼されているあなたの発言には耳を傾けてもらえるものです。

　このような場では、あなたも周りも攻撃される恐れがありません。安心して意見を交わしやすく、結果として笑いを交えながら要望を言い合えたり、新しいアイデアが生まれたりするものです。

自分らしく生きるほど生きやすくなる不思議

周りの価値観に振り回されて傷ついてきた人は、自分らしく生きれば生きるほど、気力と体力に満ちあふれるようになります。生命力を無駄づかいすることがなくなり、生きやすくなっていきます。

完全に理解してもらう必要はない

人はどうしても、自分を理解してもらいたいと思いがちですが、人によって価値観は異なるし、お互いの価値観をどこまで受け入れるのかに決まりはありません。ですから、完全に理解してもらおうとするのは、自分の価値観を押し付けることになります。

相手にも、あなたの価値観をどの程度受け入れるのか、決める自由があるとわかると、自分のことを完全に理解してもらう必要はなく、それでも自分は大丈夫だと思えるようになります。

無理して自分を変えなくていい

とても傷つきやすいのに、人間関係をそれなりにこなしている人が気をつけていることがあります。それは、**周りの期待にこたえようと無理しないことです**。

あなたが周りの期待にこたえようとしてがんばりすぎているのなら、一度胸に手を当てて、自分の心の陣地に戻ってください。そして、こう尋ねてみませんか？

「**私はこのままがんばり続けたい？**」

すぐにその場から離れたいかもしれません。あともう少し、たとえば仕事が一段落つくまでとか貯金がいくらになるまでとか、何か成し遂げたいことがあるのかもしれません。

長い目で見て、あなたの考えを理解してもらえそうになかったり、尊重してもらえそうになかったりする相手や場なら、**無理に合わせる必要はない**のです。

自分をもっと愛しましょう

自分らしく生きるには、もっと自分の感覚に集中することです。自分自身の感覚にいつでも立ち戻りましょう。

自分のことを表も裏も知り尽くし、**好きなところもダメなところも、全部そのままで大丈夫**だと思えるようになれたとき、あなたはとても生きやすくなっているはずです。

コラム

オンラインでも自分らしく

私の専門がキャリアコンサルタントである性質上、最近はリモートワークに関する相談も多くなりました。

そのほとんどの人が、メリットとデメリットの両方を感じているようです。

リモートワークになって快適だと感じていることは、「電車に乗らなくていい解放感」「余計な音を拾わなくてすむ」「苦手な人と直接会うことがなくなった」などがあげられますが、その反面、次のような不安を訴える方もいます。

- 気の合う人との何気ない会話をする機会がなくなってしまってさびしい
- 他の人が何を考えているのかつかみにくくなってしまった
- オンライン会議だと、画面越しの雰囲気を集中的に感じとってしまい、少しでも他の人が忙しそうな顔をしていると、対面での会議のとき以上に頭がいっぱいになってしまう

- 上司や部下、同僚とどうやって打ちとけたらいいかがわからない
- オンとオフとの切り替えができず、いつまでも仕事のことを考えてしまう

これらのデメリットについては、傷つきやすい人の特性であるアンテナの感度の高さが主に災いしているように感じます。

相談者から寄せられた、リモートワークで生じがちな、傷つきやすい人特有といえる悩みについての対処法を紹介しましょう。

上司や同僚の本心を読みとれない

→考えを伝えて、その場で確認

オンラインでの会議や打ち合わせでは、言葉以外の情報が不足するので、どうしても相手の気持ちがつかみにくくなります。

相手が適切な言葉でコミュニケーションできる人ならいいのですが、たとえ

ば説明が足りない上司や、あいまいな指示しか出してこない人については、意図がわからず不安になってしまいます。

このような場合、こちらが納得できるレベルまで言葉にしてはくれない相手であることをまず受け入れましょう。それ以上の細かいところまで求めるのはやめて、自分のほうから「**では、私はこうしますね**」と、何をどうするか、その場で具体的に伝えることをおすすめします。さらに、その場で許可を得ておきましょう。

オンライン会議で話しかけるタイミングがつかめない

↓

会議後に落ち着いて伝えればOK

「参加者がモニターを埋めつくして並んでいて、話に集中できない」という声はよく聞きます。

また、他の参加者がカメラをオフにしている場合も少なくないため、会議の参加者全員の顔を見ることができず、自分が発言するタイミングを判断できないという悩みも出てきます。

このような場合、会議中に発言できなかったのであれば、終了後に「**会議中には言えなかったのですが**」と、チャットでフォローの連絡を入れてみましょう。うまく発言できなかったことを気にしたり、自分を責めたりする必要はありません。

また、会議中に視線をどこに持っていけばいいかに悩んでしまうなら、メモを取ったり資料に目を向けたりするふりをして、視線をやや下に向けていてもいいと思います。

社内のチャットスレッドに参加したくない

↓

ログインだけ、ポジティブな反応だけ

リモート時でも社員同士のコミュニケーションがとれるよう、業務以外の雑談を目的としたチャットスレッドを開設している会社もあります。

自由に書きこめるのはいいのですが、書きこむことが強制されるようになると、人によってはかえって負担となるものです。

文字情報は読み返すことができるので、ささいなことでも気になってしまいがちな傷つきやすい人にとっては、それ自体がストレスになります。書きこんだ内容のほんのひと言が、誰かを傷つけてはいないか、問題になりはしないか、と気になってしまうことがあるからです。

また、他人が書きこんだ内容に反応を書きこまざるを得なくなった場合、特に内容が愚痴などのネガティブなものならなおさら、文字だけでは内容についてのニュアンスまでは伝わってこないため、下手に反応できない怖さもあります。

参加をしつこく促されてためらう気持ちがあるなら、短く簡単に「NO」の意思を伝えましょう。「チャットは苦手です」と言って自分の立ち位置を明確にします。**その場では言えなくても、あとから伝えるのでかまいません。**

もし、しつこく促されたり参加が強制的だったりする場合には、曜日と時間を決めてログインだけして、発言はしなくてよいでしょう。

ネガティブなことへのリアクションは一切せず、ポジティブなことにだけ反応し、「いいね」や絵文字、スタンプだけ、というシンプルな反応にとどめてください。

在宅ワークで仕事に集中できない

自分だけのスペースをつくる

自宅での仕事は、家族がいるため、常にアンテナを張りめぐらせて神経が休まらないという人もいます。

それで仕事に集中できない状態にあるなら、たとえばソファを少しずらして、壁とソファの背面との間に**隠れ家的なスペースを設ける**といった工夫をしてみてはいかがでしょうか。

隠れ家的スペースといえば、HSPの提唱者であるアーロン博士は、育児で行き詰まってしまったときには冷蔵庫の上にのぼってすごすことにしていたそうです。

スペースづくりのコツは、**ON・OFFの切り替えを意識するといいでしょう。**

リラックスするスペースには、お気に入りのクッションなど自分がくつろげるアイテムだけを置き、反対にワーク・スペースには物をあまり置かず、スッキリさせるとよいでしょう。

ONからOFFへ、OFFからONへ、場所を移動することで簡単に「リラックス」「集中」のモード切り替えができるようにしていきましょう。

おわりに
すべてを受け入れて生きる

この本を執筆中、新型コロナウイルスが世界中に広がりました。

その影響で、全世界が、さまざまな変化を受け入れざるを得ない状況となりました。

これと同様に、傷つきやすい人にも、自分の傷つきやすさを知って受け入れるタイミングというものがあります。それは心に深く傷を負ったときかもしれません。

外見、行動、発言からは傷つきやすいと気づかれにくい人もいます。無意識のうちに傷ついていることもあります。

そんな傷つきやすい人は、心のパターンを解明できると対処法を考えやすくなります。まずは、目にははっきり見えないメカニズムを意識する、ということです。

対処可能だとわかれば、HSPをはじめとする傷つきやすい人も、そうでない人も、お互いを尊重し、支え合う世の中をつくっていけると私は信じています。

この本を通じて、ＨＳＰをはじめとする傷つきやすいすべての人の人間関係の難しさがやわらぐことを願っております。

最後に、ＨＳＰの提唱者であるエレイン・アーロン博士とともにアメリカで約20年、全世界のＨＳＰのためのリトリート合宿を開催し続けているジャクリン・ストリックランドさんの言葉をお届けします。大切になさっているご自身のモットーをご紹介する許可をいただきました。

ＨＳＰだけでなく、あらゆる傷つきやすい人に安心と希望を与えてくれる言葉です。この言葉をもって、本書のしめくくりとさせていただきます。

認めてもらおうとするよりも
あなたにとって必要なことに力を注ぎましょう。
そして、流れを信頼しましょう。
傷つくかもしれないと感じていたり
困惑していたとしても
「私は今この瞬間、何を学ぼうとしているのか」
私に必要なことは何かを常に自分に問いかけるのです。

――ジャクリン・ストリックランド

Focus on Needs, Not Approval ... and Trust the Process, even if feeling vulnerable or confused, always asking: What am I Learning in this Moment? And What do I Need in this Moment? ※

P.215※©Jacquelyn Strickland, LPC, Ft. Collins, Colorado
Jacquelyn is a Licensed Professional Counselor, mentor, and workshop leader based in Ft. Collins, Colorado and has worked exclusively with HSPs since 1999. She co-founded the HSP Gathering Retreats in 2000 with Dr. Elaine Aron, and there have been 36 national and international HSP Gathering since that time. Her background in Social Work, Women's Studies, cultural diversity, and a graduate degree in Counseling, have empowered and informed her work since first finding out about the HSP trait in 1996.
Although she is no longer taking personal therapy clients she continues to share her work with HSPs around the world via national and international retreats, workshops, and online classes. She been certified to utilize the Myers Briggs Personality Assessment since 1991, and is a Level II EMDR therapist. Jacquelyn has been married to a non-HSP introvert since 1978 and is the mother of two grown sons, and three beautiful grandchildren.
You may email Jacquelyn at jacquelyn@hspgatheringretreats.com
or sign up for her on-line newsletter, HSP Highlights & Insights by visiting her web site at www.lifeworkshelp.com or here: http://www.lifeworkshelp.com/subscribe.htm
ジャクリン・ストリックランド（認定カウンセラー／コロラド州Ft. Collins）
コロラド州Ft. Collins在住の認定カウンセラー、メンター及びワークショップリーダー。1999年よりHSP専門として活動中。E・アーロン博士とHSP Gathering Retreatsを2000年に共同創設し、以来36回にわたり米国内外にて開催。同氏のソーシャルワーク、女性学、文化的多様性、カウンセリングにおける学位が彼女が1996年にHSP気質に気づいて以来、その取りくみに力と知識を与え続けてきた。個人的なセラピーはもう行ってはいないものの米国内外で開催のリトリート、ワークショップ、オンラインクラスを通じ、HSPへの働きかけを続けている。1991年よりMyers Briggsパーソナリティアセスメント認定ユーザー、EMDRレベルⅡセラピスト。1978年に非HSPで内向的な夫と結婚。息子2人と孫3人がいる。
www.lifeworkshelp.com
jacquelyn@hspgatheringretreats.com

【参考文献】

『ささいなことに動揺してしまう　敏感すぎる人の「仕事の不安」がなくなる本』
みさきじゅり著（秀和システム）
『敏感すぎる私の活かし方　高感度から才能を引き出す発想術』
エレイン・N・アーロン著　片桐恵理子訳（パンローリング株式会社）
『Thrill : The Highly Sensation Seeking Highly Sensitive Person』
Tracy M. Cooper, Ph.D. 著（Invictus Publishing, LLC）
『図解　自分の気持ちをきちんと〈伝える〉技術　人間関係がラクになる自己カウンセリングのすすめ』
平木典子著（PHP研究所）
『10秒でこころの悪循環を断ち切る方法』
矢場田勲著（セルバ出版）

［著者］
みさきじゅり
HSP研究の第一人者エレイン・アーロン博士の専門家認定プログラム、日本人初の修了者。HSP専門のカウンセラーであり、キャリアコンサルタント（厚生労働省認定国家資格）。
自身もナイーブな感受性と好奇心の旺盛さを併せ持つ「刺激追求型」のHSS型HSP。
青山学院大学国際政治経済学部卒業後、東芝に入社。その後、ノキア・ジャパン、シリコンバレーのスタートアップ、アジア系IT企業などで、法人営業、外国人エンジニアの人材育成、大学生就活支援を経験。2017年、キャリアコンサルタントの国家資格取得。
2018年、アーロン博士の「専門家認定プログラム」を修了。2021年6月現在、アーロン博士のサイト（http://hsperson.com/resources/coaches/career-coaches/）にてHSPに精通しているキャリアコーチとして正式に登録されている唯一の日本人。クライアントは日本国内にとどまらず、ヨーロッパ、アジアなどからも訪れる。2018年9月、アーロン博士の講演を含むHSP Gathering Retreatsに唯一の日本人として参加するなど、国内外におけるHSPの最新動向に詳しい。
著書に『ささいなことに動揺してしまう 敏感すぎる人の「仕事の不安」がなくなる本』（秀和システム）、監修に『繊細すぎて生きづらい～私はHSP漫画家』（おかだちえ著 ぶんか社）、『「敏感すぎて疲れやすい人」がおだやかに暮らしていくための本』（中島智子著　秀和システム）などがある。

とても傷つきやすい人が無神経な人に悩まされずに生きる方法

2021年7月13日　第1刷発行
2022年5月23日　第4刷発行

著　者――みさきじゅり
発行所――ダイヤモンド社
〒150-8409　東京都渋谷区神宮前6-12-17
https://www.diamond.co.jp/
電話／03･5778･7233（編集）　03･5778･7240（販売）
装幀――――都井美穂子
イラスト――村山宇希
図版作成――都井美穂子
写真撮影――松島和彦
編集協力――佐藤悠美子
DTP制作――伏田光宏（F's factory）
製作進行――ダイヤモンド・グラフィック社
印刷――――加藤文明社
製本――――加藤製本
編集担当――酒巻良江

ISBN 978-4-478-10945-8

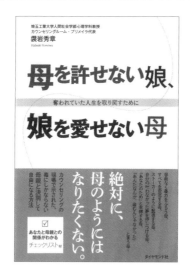